Alice im Netz

In Einfacher Sprache

AF639379

Spaß am Lesen Verlag
www.einfachebuecher.de

Diese Ausgabe ist eine Bearbeitung des Buches
Alice im Netz von Antje Szillat.
Lizenzausgabe mit Genehmigung von zweihorn edition.
Alle Rechts an dieser Ausgabe vorbehalten.
Copyright © 2010 edition zweihorn GmbH & Co. KG, Neureichenau

Text Originalfassung: Antje Szillat
Bearbeitung in Einfacher Sprache: Camilla van Heumen

© 2023 | Spaß am Lesen Verlag, Münster

Alle Rechte vorbehalten. Nichts aus dieser Ausgabe darf ohne vorherige schriftliche Genehmigung des Herausgebers vervielfältigt, in einer automatisierten Datenbank gespeichert oder in irgendeiner Weise – elektronisch, mechanisch, in Form von Fotokopien, Aufnahmen oder auf andere Art – veröffentlicht werden.

ISBN 978-3-948856-98-4

Antje Szillat

Alice im Netz

In Einfacher Sprache

Schwierige Wörter oder Ausdrücke sind unterstrichen. Die Erklärungen stehen in der Wörterliste am Ende des Buches.

Inhalt

Der Unbekannte

Der Innenhof ist dunkel.
Es sind keine Menschen da.
Alles ist ruhig und friedlich.
Nur der Wind rauscht durch die Bäume und Büsche.

Ein unbekannter Mann hat sich
in einem dichten Busch versteckt.
Im Buch heißt er „der Unbekannte".
Erst am Ende erfahren wir seinen Namen.

Der Unbekannte zittert … aber nicht vor Kälte.
Er ist sehr erregt.
Sein Körper fühlt sich fiebrig an.

Jetzt hält er es nicht länger aus.
Keuchend verlässt er sein sicheres Versteck.
Langsam geht er auf das große Haus zu.

Alice hat die Vorhänge nicht zugezogen.
Sie zieht die Vorhänge nie zu.
Alice will wohl unbedingt gesehen werden,
denkt der Unbekannte.

Er beobachtet, wie Alice sich auszieht.
Er sieht, wie Alice aus ihrer engen Jeans schlüpft.
Er sieht ihren Po und ihre langen, schlanken Beine.

Ich weiß einfach alles über Alice, denkt er.
Ich weiß, was sie sich wünscht.
Wovon sie träumt.
Was sie denkt und was sie fühlt.

Langsam richtet der Unbekannte sich
neben Alices Fenster auf.
Vorsichtig schaut er durch die Scheibe.
Jetzt legt Alice sich ins Bett.
Sie hat nur eine Unterhose und ein enges T-Shirt an.
Das T-Shirt ist hochgerutscht.
Alices Bauch ist gut zu sehen.

Leise stöhnt der Unbekannte auf.
Er kann sich nur mit Mühe zurückhalten.
Am liebsten würde er gegen das Fenster klopfen
und laut rufen: „Schau, hier bin ich!"

Er kramt sein Handy aus seiner Hosentasche hervor.
Er macht mehrere Fotos von Alice.
Danach steckt er sein Handy wieder ein.
Noch einmal schaut er sehnsüchtig zu Alice hinein.
Dann duckt er sich und schleicht
zurück in sein Versteck.
„Bald, meine Süße", flüstert er mit rauer Stimme.
„Bald ist es so weit …"

In der Schule

Alice geht auf die Geschwister-Scholl-Schule.
Gerade ist Pause.
Alice schaut sich nach bekannten Gesichtern um.
Aber da ist niemand, mit dem sie reden will.

Alice seufzt und geht weiter.
Beinahe stößt sie
mit einem jungen Mann zusammen.
Der Mann arbeitet seit Kurzem an ihrer Schule.
Er hilft dem Hausmeister bei der Arbeit.

„Tschuldigung", murmelt der junge Mann verlegen.
Dabei starrt er auf seine Schuhe.
Der Mann hat breite Schultern und schwarze Haare.

Alice will etwas erwidern.
Doch der Mann senkt den Kopf und huscht davon.
Alice schaut ihm hinterher und schüttelt den Kopf.
Was hat der Typ für ein Problem?, fragt sie sich.
Er kann mich noch nicht mal anschauen.

Alice will sich am Getränke-Automaten
einen Saft ziehen.
Doch das klappt nicht.
„Scheiße! Blödes Teil!", flucht Alice leise.
Vor Ärger tritt sie gegen den Automaten.

„Hey, nicht so heftig", hört Alice da.
Sie dreht sich um ... und blickt in dunkle Augen.
Die Augen gehören zu Mats.
Mats ist groß und hat braune Haare.

„Verdammt, Mats!
Was schleichst du dich so an mich heran?"
Alice schaut ihn vorwurfsvoll an.
„Du hast mich total erschreckt."

„Tschuldigung, war nicht meine Absicht", sagt Mats.
„Eigentlich wollte ich dir nur helfen.
Das Teil klemmt ständig,
aber ich kenne da einen Trick.
Lass mich mal machen!"

Alice verdreht die Augen.
Doch sie geht zur Seite und sagt von oben herab:
„Von mir aus."

Alice mustert Mats.
Er sieht echt nicht schlecht aus, denkt sie.
Wenn er doch nur nicht
so ein nerviger Angeber wäre.
Immer drängt er sich in den Vordergrund.
Ständig lässt er einen blöden Spruch ab.
Und dann die Geschichte mit seinem Vater.
Der soll erfolgreich Filme in Hollywood machen.

Alice glaubt nichts von dem, was Mats so erzählt.
„Der lügt doch, wenn er den Mund aufmacht“,
hat sie erst neulich zu Katja gesagt.
Katja ist Alices beste Freundin.

Alice vermutet, dass Katja in Mats verliebt ist.
Wenn Alice über Mats lästert,
schaut Katja immer ganz merkwürdig.

Da rattert der Getränke-Automat.
Mats hat es tatsächlich geschafft.
Er gibt Alice den Saft und sagt grinsend: „Bitte sehr.“

„Danke“, erwidert Alice gleichgültig
und öffnet die Flasche.
Mats schaut ihr dabei interessiert zu.
„Danke“, wiederholt Alice noch einmal.
Sie meint aber:
Und jetzt kannst du auch gerne verschwinden!

Doch Mats bleibt einfach stehen.
„Und sonst, wie läuft es so bei dir?“, fragt er.
Alice will schon patzig antworten.
Da hören sie hinter sich einen lauten Knall.

„Was war das?“
Alice schnappt erschrocken nach Luft.
Am Ende des Flurs stehen zwei Jungen und lachen.

„Idioten!“ Mats spricht aus, was auch Alice denkt.
„Die machen das total gern“, ergänzt Mats dann.
„Luftballons platzen lassen? Wie lächerlich“, meint Alice.
„Ja, total kindisch“, meint auch Mats.

„Du kannst ja mal ne Insta-Story dazu machen“, schlägt Mats spöttisch vor.
„Du suchst doch immer nach spannenden Geschichten aus der Schule.“
„Was du so alles spannend findest“, erwidert Alice ebenfalls spöttisch.

Mats zuckt mit den Schultern.
Dann sagt er: „War nett, mit dir zu plaudern.
Vielleicht machen wir das bald mal wieder.“
„Ja, vielleicht“, sagt Alice.
Aber sie denkt: Bloß nicht!

Das Gespräch mit Mats hat länger gedauert.
Nun kommt Alice zu spät zum Unterricht.
„Entschuldigung“, sagt sie zu Dr. Sprenger.
Dr. Sprenger ist Deutschlehrer.
Er schaut Alice streng an.
„Ich weiß ja, dass du Zahlen nicht so magst, Alice Bandow“, bemerkt er spöttisch.
„Aber die Ziffern auf deiner Uhr wirst du ja wohl lesen können.“

Alice verkneift sich eine Antwort.
Der Sprenger ist nun mal ein Arschloch, denkt sie.
Es ist sinnlos, sich mit ihm anzulegen.

Alice setzt sich neben Katja.
Vorwurfsvoll zischt sie ihre Freundin an:
„Wo hast du denn gesteckt, Katja?
Ich habe dich in der Pause gesucht."

„Die bescheuerte Clausen hat mich abgefangen",
flüstert Katja.
Frau Clausen ist Lehrerin für Mathe und Biologie.
Sie ist sehr streng, aber auch sehr beliebt.

„Und dann ist die Clausen mit mir
in einen freien Raum gegangen", fährt Katja fort.
„Hä, warum das denn?",
rutscht es Alice etwas zu laut heraus.

„Alice Bandow, das ist ja wieder mal typisch",
regt Dr. Sprenger sich auch gleich auf.
„Jetzt störst du auch noch deine Mitschüler."

Alice ballt unter dem Tisch die Hände.
Sie versteht nicht,
warum Dr. Sprenger sie nicht mag.
Ich bin doch die Beste in Deutsch, denkt sie.
Warum behandelt er mich nur so herablassend?

Dann erinnert Alice sich
an ihre Storys auf Instagram.
Fast jeden Tag schreibt sie gemeine Geschichten
über das, was in ihrer Schule los ist.
Sie zieht gern über ihre Mitschüler
und die Lehrer her.
Über Dr. Sprenger macht Alice sich
besonders gern lustig.

Auf Instagram nennt Alice nicht
die richtigen Namen der Personen.
Und sie verändert die Fotos, die sie verwendet.
Aber ihre Beschreibungen sind sehr treffend.
Eigentlich weiß jeder, wer gemeint ist.

Für Dr. Sprenger hat Alice sich den Namen
Mister Ice ausgedacht.
Sie selbst benutzt den Namen Rasende Rita.
Viele an der Schule wissen aber,
dass Alice die Rasende Rita ist.

Dr. Sprenger wendet sich gerade an Merle.
„Merle, kannst du uns bitte deinen Aufsatz
über Friedrich Dürrenmatt vortragen?"
„Ja, gern", ruft Merle begeistert.
Vor Aufregung zittert ihre Stimme.
„Friedrich Dürrenmatt wurde 1921
in einem Schweizer Dorf geboren.

Er war kein besonders guter Schüler.
Er hasste die Schule.
Er hatte schlechte Noten.
Und er nervte die Lehrer."

Alice hört nicht wirklich zu, was Merle vorträgt.
In Gedanken ist Alice bereits
bei einer neuen Insta-Story.
Es soll dabei um Friedrich Dürrenmatt gehen.
Und warum der Schriftsteller
ein schlechter Schüler war.

Streit

Es klingelt zur Pause.
Wütend stopft Katja ihr Deutschheft in die Tasche.
„Jetzt durfte Merle ihren Vortrag halten.
Und ich bin mal wieder nicht drangekommen“,
sagt Katja enttäuscht.

Alice legt Katja die Hand auf die Schulter.
„Ärgere dich doch nicht über den Sprenger.
Der Arsch nimmt sowieso nur seine Lieblinge dran.“

Doch Katja schüttelt Alices Hand ab.
„Lass mich“, ruft sie gereizt.
„Du hast ja gut reden!“
Katja stockt und wischt sich übers Gesicht.
Doch Alice hat die Tränen in Katjas Augen gesehen.

„Was ist los mit dir?“, fragt Alice besorgt.
„Du ärgerst dich doch sonst nicht so über Mister Ice.“
„Ich ärgere mich auch nicht über ihn,
sondern über dich“, faucht Katja.
„Über mich?“, fragt Alice überrascht.
„Was habe ich dir denn getan?“

„Hammer! Das hats ja noch nie gegeben“,
mischt Janne sich ein.
„Unsere besten Freundinnen streiten sich.“

Katja schreit ihn wütend an:
„Ach, halt doch einfach deine Fresse!"

Janne guckt erstaunt.
Wut passt gar nicht zu der stillen Katja, denkt er.
Schnell haut er ab.

Auch Alice kommt Katjas Verhalten merkwürdig vor.
„Katja, nun sag schon, was ist los?", bohrt sie nach.
„Das fragt die Richtige", knurrt Katja.
„Hä?", fragt Alice.

Katja stemmt die Hände in die Hüften.
„Der Sprenger ist bloß deinetwegen
so ätzend zu mir", sagt sie.
„Warum musst du ihn immer
mit deinen albernen Storys reizen.
Wie du dich über alle lustig machst!
Es gibt ne Menge Leute,
die darüber nicht lachen können."

„Das ist nicht fair", sagt Alice beleidigt.
„Du findest meine Storys doch sonst auch witzig."
Katja erwidert nichts und schaut Alice trotzig an.

Da klemmt Alice sich ihre Tasche unter den Arm
und rennt aus dem Klassenraum.

Handy-Nachrichten

Alice und Katja gehen immer gemeinsam nach Hause.
Aber heute wartet Katja nicht auf Alice.
Und auch Alice hat keine Lust, mit Katja zu gehen.
Alice ärgert sich über Katja.
Aber sie hat auch ein schlechtes Gewissen.
Katja hat nicht ganz unrecht, denkt Alice.
Nicht alle finden meine Storys super.

Als Alice zu Hause ankommt, ist ihr Ärger verflogen.
Sie beschließt, Katja sofort eine SMS zu schreiben.
Sie will sich wieder mit ihr vertragen.
Doch da kommt schon eine Nachricht von Katja:

Hey Alice, ich bin so eine blöde Kuh!
Es tut mir total leid.
Ich habe vorhin nur Blödsinn geredet.
Ich war durcheinander.
Ich steh in Mathe auf ner Fünf.
Das hat die Clausen mir gesagt.
Und weil ich auch ne Fünf in Chemie bekomme,
kann ich sitzenbleiben.
Es sei denn,
ich kann mit einer Zwei in Deutsch ausgleichen …
Du kennst ja meine Eltern.
Die flippen aus, wenn sie etwas
über meine schlechten Noten erfahren.

Aber ich hätte meinen Frust nicht
an dir auslassen dürfen.
Ich hoffe, du verzeihst mir?
HDL Katja

Alice antwortet sofort:

Ja klar, Katja, ich verzeihe dir.
Du bist meine Beste!
Und ich schäme mich.
Ich bin einfach beleidigt abgehauen.
Ich hätte wissen müssen,
dass irgendwas los ist.
Du bist meine beste Freundin und ich hätte dich
danach fragen müssen.
Also bin ich diejenige, die sich entschuldigen muss!
Sollen wir uns später im Café Krügers treffen?
Dann können wir in Ruhe reden.

E-Mails

Alice geht in ihr Zimmer.
Sie öffnet das E-Mail-Programm auf ihrem Laptop.
Da macht es leise Pling.
„Bestimmt so eine nervige Werbe-Mail“, denkt Alice.

Doch dann stutzt sie.
Sie liest den Absender: *jared96@mail.de*
Neugierig öffnet sie die Nachricht.
In grauer und fetter Schrift steht da:

Alice!
Was ich über dich weiß,
das hast du mir selbst verraten.
Was du über mich wissen musst, ist:
Ich liebe dich ...
Du kannst mir nicht entkommen ...
Jared

„Katja, du alte Zicke“, murmelt Alice.
Die Jared-Mail kommt bestimmt von Katja, denkt sie.
Dann grinst Alice in sich hinein.

So ein Versteckspiel kann ich auch.
Schnell schickt sie eine Antwort-Mail.

Von: Alice Bandow <Alice.Bandow@netz.de>
An: jared96 <jared96@mail.de>
Betreff: Wow, mein geliebter Jared!

Hallo, mein Traumprinz.
Ich kann es kaum erwarten, dich zu sehen.
Wer sagt, dass ich dir entkommen möchte?
Ich sehne mich wahnsinnig nach dir!
Dein zuckersüßes Himbeer-Schnittchen

Alice klickt amüsiert auf den Knopf für „Senden“.

Besuch

Plötzlich klingelt es an der Wohnungstür.
Alice steht auf und eilt zur Tür.
Mit Schwung reißt sie die Tür auf und meckert:
„Wofür gibt es eigentlich Schlüssel ...“

Alice hat ihre Mutter
und ihren kleinen Bruder Robin erwartet.
Aber Katja steht vor der Tür.
„Katja, du?“, fragt Alice verblüfft.
„Aber ... du hast mir doch gerade geschrieben.“

Katja nickt.
„Stimmt. Von unterwegs.
Aber dann habe ich beschlossen,
lieber persönlich zu kommen.
Ich hasse es, wenn wir uns streiten“,
erklärt sie betrübt.
Dann breitet sie ihre Arme aus und umarmt Alice.

„Du bist unmöglich“, grinst Alice ihre Freundin an.
Und mit neckischer Stimme fügt sie hinzu:
„Mein geliebter Jared.“
„Jared? Wer ist Jared?“, fragt Katja erstaunt.
Alice winkt ab und meint:
„Ach, hör auf. Sag mir lieber:
Wie hast du das mit dem Absender gemacht?“

„Was habe ich gemacht?“, fragt Katja.
Katja scheint wirklich keine Ahnung zu haben,
denkt Alice verwirrt.
Trotzdem bohrt sie nach:
„Hast du aus Spaß
den Absender *jared96@mail.de* angelegt?“
„Alice, ich weiß nicht, was du meinst“, sagt Katja.

Die Freundinnen gehen in Alices Zimmer.
Dort zeigt Alice Katja die E-Mail von Jared.
„Und diese Mail stammt wirklich nicht von dir?“,
fragt sie ihre Freundin.
Katja schüttelt den Kopf.
Feierlich hebt sie die Hand.
„Ich schwöre dir: Ich bin nicht Jared.
Und ich kenne auch keinen Jared.
Aber du solltest diese E-Mail ernst nehmen, Alice.
Vielleicht ist Jared ein Stalker.“

Alice lacht.
„Ach Katja, du siehst immer gleich Gespenster.
Stalker verfolgen doch nur berühmte Personen.“
„Du bist eine berühmte Person“, erwidert Katja.
„Oder besser gesagt:
Die Rasende Rita ist berühmt.“

„Ja, da gebe ich dir recht“, sagt Alice.
„Die Rasende Rita ist wirklich sehr berühmt.

Sie ist eben die Klatschtante von unserer Schule.
Aber ich mache das doch nur aus Spaß."

Die Mädchen schweigen.
Nach einer Weile räuspert Alice sich.
„Was hat das Röschen denn nun zu dir gesagt?"
Mit Röschen ist Frau Rosa Clausen gemeint.
Die Lehrerin für Mathe und Biologie.

„Ach Scheiße", sagt Katja zögernd.
„Eigentlich hat Röschen es nur gut gemeint.
Ich weiß ja selbst, wie es um mich steht.
Deshalb hätte ich gern in Deutsch
meinen Aufsatz vorgetragen.
Aber der blöde Mister Ice hat mich ja nicht gelassen."

Alice schüttelt den Kopf.
„Mister Ice ist einfach ein Arsch", murmelt sie.
Katja seufzt und knufft Alice dann in den Oberarm.
„Na los, Rasende Rita!
Mach dich mal wieder über Mister Ice
auf Instagram lustig."
Die Freundinnen verabschieden sich voneinander.
„Sehen wir uns nachher im Café Krügers?",
fragt Katja, als sie schon in der Tür steht.
„Ja, klar, bis später", antwortet Alice.

Ein Notfall

Inzwischen ist es draußen dunkel.
Es ist erst kurz vor halb fünf.
Doch die Straßenlampen gehen schon an.

„Wie ätzend“, murmelt Alice.
„Noch nicht mal Abend und schon ist es dunkel.“
Alice ist auf dem Weg ins Café Krügers.
Dort will sie sich mit Katja treffen.

Unterwegs schaut Alice flüchtig
in eine schmale Sackgasse.
Vor Schreck bleibt sie stehen.
In der Gasse sieht sie einen Mann am Boden liegen.

Unsicher geht Alice zu dem Mann.
Ihr Herz fängt an zu rasen.
Ich sollte einfach verschwinden, überlegt sie.
Ich kann sowieso nicht helfen.
Doch Alice geht trotzdem zu dem Mann.
Mit weichen Knien hockt sie sich auf den Boden.
„Hallo“, sagt sie mit zittriger Stimme.
„Können Sie mich hören?“

Doch der Mann reagiert nicht.
Er liegt reglos auf dem Rücken.
An seinem Kopf klebt Blut.

Hilfe, denkt Alice plötzlich.
Was mach ich bloß, wenn er tot ist?
Alice gerät in Panik.
Am liebsten will sie wegrennen.
Doch ihre Beine sind wie gelähmt.

„Ich rufe den Notarzt",
sagt plötzlich eine männliche Stimme hinter ihr.
Alice schreit auf und springt vor Schreck zur Seite.
Dabei stolpert sie über den Mann am Boden.
Beinahe fällt sie hin.

Da spürt sie zwei kräftige Arme um sich.
„Hoppla, Alice. Nicht so stürmisch."

Alice löst sie sich aus der Umarmung.
Vor ihr steht ein junger Mann.
Er hat schwarze Haare.
Er kommt Alice irgendwie bekannt vor.

„Ich rufe jetzt den Notarzt", sagt der junge Mann.
Und er tippt die Nummer 112 in sein Handy.
Während er Hilfe anfordert,
klingt seine Stimme ganz ruhig.
Und er lächelt Alice freundlich zu.
Dann beugt sich der junge Mann
zu dem Verletzten hinunter.
Er bringt ihn geschickt in die stabile Seitenlage.

Kurze Zeit später kommt der Krankenwagen.
Sofort kümmert der Notarzt sich
um den verletzten Mann.

Alice fühlt sich hilflos und kindisch.
Warum habe ich nicht selbst den Notarzt gerufen?,
fragt sie sich.
Warum habe ich nicht irgendwo geklingelt,
um Hilfe zu holen?
Stattdessen wollte ich einfach nur abhauen.

Ein Polizist reißt Alice aus ihren Gedanken.
„Hast du uns verständigt?“, fragt er.
Alice schüttelt den Kopf.
„Ähm … nein. Es war …“ Alice stockt.
Sie schaut sich nach dem jungen Mann um.
Doch der ist verschwunden.

„Komisch, gerade war er noch da“, sagt Alice ratlos.
„Es war ein junger Mann mit schwarzen Haaren.
Er hat den Notarzt verständigt“,
erklärt sie dem Polizisten.
„Er … er, ähm … Ich weiß auch nicht, wo er …“

Alice merkt selbst, wie blöd ihr Gestotter ist.
Der Polizist runzelt die Stirn.
„Na ja, wie auch immer“, erklärt er.
„Der unsichtbare Retter hat alles richtig gemacht.“

„Wird der Verletzte durchkommen?“,
fragt Alice ängstlich.
Der Polizist legt ihr beruhigend die Hand
auf die Schulter.
„Mach dir mal keine Sorgen.
Der Mann ist schon wieder bei Bewusstsein.
Bitte gib mir noch deine Adresse.
Vielleicht will der Verletzte sich bei dir bedanken.“

„Ich … ich habe ja eigentlich nichts gemacht“,
stottert Alice.
„Bedanken muss der Verletzte sich eher
bei dem jungen Mann …“
„Der aber nicht mehr da ist“,
unterbricht der Polizist sie.
„Merkwürdig, findest du nicht auch?“

„Ja“, sagt Alice leise.
„Das ist wirklich merkwürdig.“

Im Café Krügers erzählt sie Katja die Geschichte.
Auch Katja findet das Verhalten
von dem jungen Mann merkwürdig.
Aber dann wischen die beiden
die Gedanken beiseite.
Für heute wollen sie einfach nur noch fröhlich sein
und ein bisschen quatschen.

Insta-Story

An Tagen wie diesen …
So beginnt die neue Insta-Story
von der Rasenden Rita.

An Tagen wie diesen
sollte man besser im Bett bleiben.
Und sich die Decke über den Kopf ziehen.

Warum ging Friedrich Dürrenmatt früher
so ungern zur Schule?
Zunächst fand ich keinen guten Grund
für seine Schul-Unlust.
Doch dann … Ich sage nur: Mister Ice!

Ja, ihr lest richtig.
Der arme kleine Fritz war ein Schüler von Mister Ice.
Das habe ich herausgefunden.
Mister Ice hat dem kleinen Fritz
den Spaß an der Schule verdorben.

Aus dem kleinen Fritz wurde später
ein berühmter Schriftsteller.
Deshalb sage ich euch:
Auch aus uns kann etwas werden.
Lasst euch nicht von Mister Ice quälen.
Also, nur Mut und haltet durch!

Die Insta-Story ist noch nicht zu Ende.
Die Rasende Rita schreibt weiter:

Heute beschäftige ich mich noch mit etwas anderem.
Und das hat mal nichts mit der Schule zu tun.
Stellt euch vor, ihr seid unterwegs.
Da seht ihr plötzlich einen Mann auf der Straße liegen.
Über Nacht ist es Winter geworden.
Und die Straßen sind ganz schön glatt.
Da ist der arme Mann wohl gestürzt.
Und dabei voll auf den Kopf geknallt.

Jetzt stellt euch weiter vor:
Der Mann liegt da und keiner guckt hin.
Krass … oder?

Und dann kommt so ein Mädel.
Zufällig sieht sie den Mann da liegen.
Sie weiß, dass sie helfen muss.
Aber sie weiß nicht so recht, was sie machen soll.
Sie weiß nicht mal, ob der Mann noch lebt.

Sie könnte jetzt mit dem Handy
einen Krankenwagen rufen.
Sie könnte an einer Haustür klingeln.
Sie könnte laut schreien:
„Hallo, kann mal bitte jemand kommen
und dem Mann hier helfen?“

Aber nichts macht sie. Gar nichts.
Das braucht sie auch nicht.
Denn plötzlich taucht Superman neben ihr auf!
Superman weiß natürlich sofort, was zu tun ist:
Er ruft den Notarzt und kümmert sich
um den verletzten Mann.

Der Verletzte wird gerettet.
Doch Superman ist plötzlich verschwunden.
Einfach – puff! – in Luft aufgelöst.

Völlig klar:
Ein echter Superman will nicht erkannt werden.
Ein echter Superman will auch keinen Dank
für seine gute Tat.
Ein echter Superman will einfach nur helfen.

Ich find das total gut!
Und ihr? Was denkt ihr?
Eure Rasende Rita

Alice hat mehr geschrieben als üblich.
Sie schaut noch mal auf den Text.
Dabei denkt sie an den Streit mit Katja.
Katja war richtig wütend wegen der Insta-Storys.
Nun überlegt Alice:
Soll ich die Insta-Story besser löschen?

Das Internet vergisst nie

Alice denkt immer noch über ihre Insta-Story nach.
Dann erinnert sie sich an eine Schulstunde
bei Herrn Tüssen.
Herr Tüssen unterrichtet Sozialkunde.

Marko Tüssen ist einer von den beliebten Lehrern.
Er ist noch jung und er sieht gut aus.
Die Mädchen schwärmen von seinem Aussehen.
Und die Jungs mögen,
dass der Lehrer so locker redet.

Auch Alice kann Herrn Tüssen gut leiden.
Jedenfalls bis zu dieser Schulstunde,
an die sie sich nun erinnert.
Dabei ging es um „Gefahren im Internet".

Der sonst so coole Lehrer war plötzlich total ernst.
„Achtet darauf, was ihr im Internet schreibt",
warnte er die Schüler.
„Was ihr über euch schreibt und veröffentlicht,
kann euch ein Leben lang verfolgen.
Das Internet vergisst nie."

„Und was ist daran so schlimm?",
wollte Kevin wissen.
„Weißt du …" Herr Tüssen zögerte.

Dann fügte er hinzu:
„Viele Jugendliche gehen zu frei
mit ihren persönlichen Daten um.
Aber das ist nicht immer gut.
Es kann sogar gefährlich sein.“

„Über Jugendliche und ihr Verhalten wird
ständig gemeckert“, sagte Alice.
„Immer machen wir etwas falsch.
Erwachsene sehen überall nur Gefahren.“

„Das stimmt schon, Alice“, meinte der Lehrer.
„Aber Erwachsene können Kindern
und Jugendlichen kaum helfen.
Denn sie wissen oft selbst nicht,
was im Internet alles passieren kann.“

„Die leben halt hinterm Mond“,
meldete sich Caro aus der ersten Reihe.
„Ist doch geil, wenn die Erwachsenen keinen
Durchblick haben“, fügte sie noch kichernd dazu.

„Carolin,“ fauchte der sonst so ruhige Lehrer
die Schülerin an.
„Ich finde das Thema überhaupt nicht lustig.
Du bist zu sorglos.
Ich muss euch eindringlich
vor den Gefahren im Internet warnen.“

In der Klasse wurde es ganz still.
„Ich sage es noch einmal“, fuhr Herr Tüssen fort.
„Passt auf, was ihr im Internet über euch verbreitet!
Überlegt, welche Bilder und Videos ihr
von euch hochladet.
Es gibt Menschen, die eure privaten Daten
gegen euch nutzen wollen.
Und noch eins:
Falsche Benutzer-Namen wie *Kapitän Blubberbär*
oder *Rasende Rita* schützen euch nicht.
Denkt das bloß nicht.“

Alice war erstarrt, als sie das hörte.
Am liebsten hätte sie den Lehrer
einfach nur verächtlich angeschaut.
Doch das konnte sie nicht.

Als Herr Tüssen den Klassenraum verlassen hatte,
redeten alle wild durcheinander.
Sonst ist der Tüssen doch so locker drauf,
überlegten die Schüler.
Warum ist er heute so ernst?
Warum warnt er uns so eindringlich?

„Wie auch immer“, mischte Alice sich ein.
„Ich weiß ganz genau,
was ich im Internet über mich verraten darf.
Und was ich lieber für mich behalte.“

„Hm … du vielleicht schon“, wandte Salome ein.
„Aber weiß die Rasende Rita das auch?“
Gleichgültig zuckte Alice die Achseln
und fragte spöttisch.
„Keine Ahnung. Warum fragst du mich das?“

An all das muss Alice nun denken.
Soll ich die Insta-Story doch lieber löschen?,
überlegt sie noch einmal.
Doch dann schüttelt sie den Kopf.
„Der Tüssen spinnt“, murmelt sie vor sich hin.
„Wir sind doch nicht dumm.“

Mit einem schwungvollen Klick
veröffentlicht Alice ihre Insta-Story.

Wütend

Der Unbekannte ruft seine E-Mails ab.
„Nur Werbung.
Scheiß-Werbung, das wird immer schlimmer“,
regt er sich auf.
„Ich soll im Lotto gewonnen haben.
Und viel Geld von einem Onkel aus Afrika erben.
Dass ich nicht lache.
Ich spiele gar kein Lotto.
Und ich habe auch keinen Onkel in Afrika.
Alles nur Betrüger!“, murmelt er zornig vor sich hin.

Schnell löscht er die E-Mails.
Dann nimmt er sein Handy.
Er öffnet Instagram.
Es gibt eine neue Story von der Rasenden Rita.
Angespannt hält er die Luft an.

Der erste Teil der Story handelt von Mister Ice.
Nichts Neues also.
Doch was ist das?
Superman!

Dieses Wort macht ihn wütend.
Was soll das?, überlegt er.
Macht Alice sich etwa über mich lustig?
Er weiß, dass Alice hinter der Rasenden Rita steckt.

Langsam liest er die Geschichte über Superman.
Er ist wütend, aber auch verzweifelt.
Und er fühlt sich verarscht.
Wieder einmal.

Alice behandelt mich
wie einen schäbigen Fußabtreter, denkt er empört.
Sie vergleicht mich
mit einer total verrückten Comic-Figur.
Damit macht sie sich öffentlich über mich lustig.
Das ist gemein und hinterhältig!

Am liebsten würde er ihr
eine böse Nachricht schreiben.
Aber er tut es nicht.
Mühsam schluckt er seine Wut herunter.
Irgendwann wird sie das büßen, schwört er sich.

Nachdenklich

Heute ist Dienstag.
Dienstags fängt die Schule für Alice
erst zur zweiten Stunde an.
Trotzdem verlässt sie schon früh das Haus.

Sie schaut wieder in die kleine Gasse hinein.
Genau wie gestern.
Dort lag der verletzte Mann auf der Straße.
Alice lehnt sich nachdenklich an eine Hauswand.
Wie es dem Mann jetzt wohl geht?, fragt sie sich.
Alice spürt ein leichtes Ziehen im Magen
und schließt die Augen.
Sie sieht den jungen Retter von gestern
in Gedanken vor sich.

Ich hab den Kerl höchstens zehn Minuten gesehen,
erinnert Alice sich.
Der Mann wirkte bedrohlich.
Und er kannte meinen Namen.
Alice fühlt sich mulmig, als sie an den Vorfall denkt.

Wo habe ich den bloß schon mal gesehen?,
überlegt sie.
Vielleicht ist es jemand von der Schule?
Ein Schüler ist es aber nicht.
Dafür ist der Kerl schon zu alt.

Gespräch unter Freundinnen

Vor der Schule wartet Katja schon auf Alice.
„Hallo, Alice. Tolle Story“, sagt Katja grinsend.
„Aber wer ist dieser Superman?
Hast du den erfunden?
Oder ist er dir wirklich begegnet?“

„Das habe ich dir gestern doch schon erzählt.“
Alice hat keine Lust, mit Katja
über den Unbekannten zu reden.

„Du hast nur von einem verletzten Mann berichtet.
Und dass jemand den Krankenwagen gerufen hat.“
„Ich fand es halt nicht so wichtig“, erwidert Alice.
„Mach doch jetzt kein Drama daraus.“

„Hallo? Ich mach bestimmt kein Drama daraus“,
widerspricht Katja.
„Aber anscheinend hat der Typ
die Rasende Rita beeindruckt, oder?“
Sie mustert Alice lachend.
„Na los, erzähl schon.“

„Da gibt es nichts zu erzählen“, antwortet Alice.
„Ich wollte nur eine interessante Story schreiben.
Ich kann nicht immer über andere herziehen.
Das ist auf Dauer einfach ziemlich öde.“

„Gibt es deinen Superman also gar nicht?“,
fragt Katja.
„Hat die Rasende Rita ihn etwa nur erfunden?“
„So ist es.“ Alice beißt die Zähne zusammen.
Aber Katja glaubt ihr nicht.

Die Mädchen schweigen eine Weile.
Dann sagt Katja:
„Ich habe übrigens mit meinen Eltern geredet.
Sie halten die Mahnung von Frau Clausen
für völlig übertrieben.
Ich bin richtig erleichtert.
Ich dachte schon, meine Eltern würden sich
total aufregen.“

„Mach dir mal keine Sorgen“,
beruhigt Alice ihre Freundin.
„Aus einer Fünf kann noch eine Vier werden.“

Plötzlich starrt Katja an Alice vorbei.
„Was ist?“, fragt Alice erstaunt.
„Ich glaub, wir werden beobachtet“, murmelt Katja.
Alice will sich umdrehen, doch Katja zischt ihr zu:
„Dreh dich bloß nicht um.
Dann schnallt der Typ, dass wir ihn bemerkt haben.“
„Wer?“, fragt Alice flüsternd.
„Mats“, antwortet Katja.
„Der schon wieder“, sagt Alice genervt.

„Aber wenn er doch so verknallt in dich ist“, sagt Katja und grinst.
„Blödsinn“, erwidert Alice schroffer als gewollt.
„Der ist höchstens in sich selbst verknallt.“

Katja drückt ganz fest Alices Hand.
„Aua!“, sagt Alice leise.
„Achtung“, flüstert Katja. „Er kommt zu uns rüber.“
„Dann lass uns schnell verschwinden“, schlägt Alice vor.

Doch da steht Mats schon hinter ihnen.
Langsam dreht Alice sich um.
„Na, du rasende Reporterin?“, stichelt Mats.
„Oder soll ich dich lieber Lois Lane nennen?“
„Wenn es dich glücklich macht“, erwidert Alice schnippisch.

Mats lacht, dann schaut er Alice in die Augen.
„Ach Alice, mich würde etwas ganz anderes glücklich machen.“
„Nur schade, dass mich das gar nicht interessiert“, erwidert Alice.
„Ja, das ist wirklich schade“, sagt Mats traurig.

Alice ist etwas verwirrt über Mats traurigen Blick.
Doch sie sagt: „Komm Katja, wir müssen dann jetzt mal reingehen.“

„Ist Mats uns gefolgt?“, fragt Alice leise.
Katja schaut vorsichtig über ihre Schulter.
„Nein. Ich sehe ihn nicht.“

Einen Moment lang schweigen die Mädchen.
Dann fängt Alice an zu lachen.
Erst leise und dann immer lauter.
Da prustet auch Katja laut los.

Niemand zu Hause

Nach der Schule geht Alice nach Hause.
Sie schließt die Wohnungstür auf.
Seltsam: Drinnen ist es ganz still.

An der Garderobe hängt Robins Sportbeutel.
Und auch seine Mütze und sein Fußball-Schal.
Den Schal liebt Robin sehr.
Selbst bei heißem Wetter zieht er den Schal an.
Warum hängen Robins Sachen hier,
wundert Alice sich.

„Mama? Robin? Seid ihr da?“
Keine Antwort.
Alice geht zu Robins Zimmer und lauscht.
Dann öffnet sie die Tür.
Doch ihr kleiner Bruder ist nicht da.
Auch im Wohnzimmer ist niemand.
Das findet Alice nun doch merkwürdig.

Robin geht in die Grundschule.
Er hat nie länger als vier Stunden Unterricht.
Deshalb ist er auch immer vor Alice zu Hause.
Genauso wie ihre Mutter.
Die arbeitet ein paar Stunden
bei einer kleinen Elektrofirma.
Dienstags arbeitet sie allerdings nie dort.

E-Mail von Katja

Alice geht in ihr Zimmer.
Sie öffnet das Fenster und lässt frische Luft herein.
Dann setzt sie sich aufs Bett.
Sie zieht ihre roten Kuschel-Socken an.

Danach geht Alice zum Schreibtisch.
Sie klappt ihren Laptop auf und ruft ihre E-Mails ab.
Wieder mal Werbe-Mails.
Alice will diese Mails gerade genervt löschen.
Da kommt eine Mail von Katja.

Von: „Katja Horle" katja.h@inter.de
An: „Alice Bandow" Alice.Bandow@netz.de
Betreff: Nur kurz ...

Hi Süße,
heute mal ne Mail von mir.
Sonst schreiben wir ja meist über WhatsApp.
Aber heute hatte ich einfach Lust zu mailen.
Das wirkt so altmodisch – wie aus einer früheren Welt.

Deutsch war ja wieder richtig scheiße, oder?
Früher war Deutsch echt mein Lieblingsfach.
Aber mit Mister Ice ... würg ... kotz ... brech ...
Jetzt aber was ganz anderes.

Das war ja wohl der Hammer vorhin mit Mats!
Der scheint total verliebt in dich zu sein.
Mich hat er dagegen gar nicht beachtet.

Mats ist schon ein Süßer, das musst du zugeben.
Auch wenn du ihn angeblich so blöd und affig findest.

Wie du den knallhart und abfällig behandelt hast.
Danach sah Mats richtig traurig aus.

So, jetzt aber Schluss.
Ich bin super gespannt,
was die Rasende Rita heute so schreibt …

Ich drück dich, küsse dich und hab dich ganz doll lieb.
Katja

Eine zweite E-Mail und ein Video

Alice geht zum Fenster, um es zu schließen.
Genug frische Luft.
Langsam wird es kalt im Zimmer.
Da hört Alice ein helles Pling.
Aha, noch eine E-Mail, denkt sie.

Von: „Jared" jared96@mail.de
An: „Alice Bandow" Alice.Bandow@netz.de
Betreff: http://www.mymo.com/legend!o=guSfhC8

Ich weiß alles über dich!
Jared

Alice fühlt einen merkwürdigen Druck im Hals.
So, als hätte sie einen Stein verschluckt.
Wer ist dieser Jared?
Was will er von mir?

„Alice? Bist du zu Hause?",
ruft Alices Mutter da gerade.
Aber Alice starrt nur gebannt auf die Mail.

„Oh gut, du bist schon da."
Alices Mutter steht nun an der Zimmertür.
„Robin und ein anderer Junge hatten Streit.
Da musste ich helfen", erklärt sie.

„Robin ist völlig fertig“, flüstert die Mutter dann.
„Vielleicht kannst du dich etwas um ihn kümmern?“
Sie schaut Alice flehend an.
„Ich kann nicht“, erwidert Alice leise.

„Schade, dass dir deine Online-Kontakte
wichtiger sind als dein kleiner Bruder“,
sagt die Mutter enttäuscht.
„Nein, so ist es gar nicht, ich …“ Alice stockt.
„Ich muss nur dringend etwas erledigen.
Danach kümmere ich mich um Robin. Versprochen.“

Alices Mutter geht in die Küche,
um Essen zu kochen.
Alice fühlt sich gar nicht gut.
Der Druck in ihrem Hals ist nun auch
im Magen zu spüren.
„Na los“, sagt sie nach einer Weile zu sich selbst.
„Bring es hinter dich.“
Alice klickt behutsam auf den Link
aus der Betreff-Zeile von Jareds Mail.

Es dauert einen Moment, bis die Seite geladen ist.
Angespannt blickt Alice auf den Bildschirm.
Was kommt da auf mich zu?,
überlegt sie sorgenvoll.
Warum habe ich plötzlich so eine scheiß Angst?
Endlich öffnet sich ein Video.

Es ist ein Zimmer mit einem Schreibtisch zu sehen.
Eine kleine Lampe hüllt das Zimmer in rotes Licht.
Dann sieht man einen Laptop und einen Stuhl.
Auf dem Stuhl sitzt ein Mädchen
mit dem Rücken zur Kamera.

Das ist ja mein Rücken, bemerkt Alice entsetzt.
Das ist mein Laptop.
Mein Stuhl. Mein Schreibtisch.
Meine kleine Lampe.
Mein Zimmer.

Alice bleibt wie erstarrt sitzen.
Sie bekommt heftiges Bauchweh.
Dann schaut sie zum Fenster.

Steht jetzt gerade auch jemand dort?,
fragt sie sich voller Panik.
Werde ich beobachtet und gefilmt?
Er muss mich vom Fenster aus gefilmt haben,
überlegt sie.
Er?
Warum bin ich mir so sicher, dass es ein „Er“ ist?
Vermutlich, weil er sich Jared nennt.
Alice erschrickt über ihre eigenen Gedanken.
Sie rennt zur Tür und stürzt aus dem Zimmer.

In Socken aus dem Haus

Der Unbekannte beugt sich vor.
Da kommt Alice.
Rasch verschwindet er hinter der Hausecke.
Er will nicht bemerkt werden.

Doch Alice blickt gar nicht in seine Richtung.
Deshalb bleibt er einfach stehen.
Wie schön Alice ist, denkt er.
Er schaut ihr hinterher.

Alice rennt gehetzt über die Straße.
Sie hat keine Schuhe an, nur ihre roten Socken.
Das sind wohl ihre Kuschel-Socken, überlegt er.
Im Internet hat Alice diese Socken schon oft erwähnt.
Die Socken hat Alices Oma gestrickt.
Immer zu Weihnachten bekommt Alice
solche Socken geschenkt.
Seit sie ein Baby war.

Der Unbekannte stellt sich Alice als kleines Baby vor.
Ein warmer Schauer durchfährt ihn.
Für seine Vorstellung braucht er nicht viel Fantasie.
Alice selbst hat ein paar süße Babyfotos von sich
ins Internet gestellt.
Dabei hat sie auch verraten,
wann sie die roten Socken trägt.

Nämlich immer dann,
wenn sie es sich gemütlich macht.

Aber warum rennt sie in diesen Kuschel-Socken
über die Straße?
Der Unbekannte holt tief Luft.
Sein Herz klopft, als würde es zerspringen.
Er spürt: Irgendetwas stimmt nicht.

Vielleicht ist Alice besorgt oder sogar verzweifelt?,
überlegt er.
Aber warum? Wovor rennt sie weg?
Er presst die Zähne zusammen, um ruhig zu bleiben.
Er will nicht, dass Alice ihn bemerkt.

Er ballt eine Hand zur Faust.
Damit schlägt er ein paar Mal gegen die Hauswand.
Die raue Wand bohrt sich in seine Haut
wie kleine Nadeln.
Doch er spürt den Schmerz nicht.
Er denkt nur an Alice.
Voller Sehnsucht stöhnt er leise auf.

Draußen ist es eisig kalt.
Wo will Alice nur hin?, überlegt er verwirrt.
Sie hat keine Schuhe an
und noch nicht mal eine Jacke.
Merkt sie denn nicht, wie kalt es ist?

Alice bleibt etwas entfernt von ihm stehen.
Sie hat die Arme um ihren Oberkörper geschlungen.
Sie zittert am ganzen Körper.

Was ist bloß passiert?,
fragt der Unbekannte sich immer wieder.
Aufhören! Nicht weiterdenken!,
sagt er sich verzweifelt.
Ich muss jetzt sofort etwas unternehmen!

Da fällt ihm das Wort *Superman* ein.
Jawohl, ich muss jetzt ihr Superman sein!
Langsam überquert er die Straße
und geht auf Alice zu.

Begegnung

Alice zittert noch immer.
Sie denkt an das schreckliche Video.
Im Video war ihr Fenster zu sehen.
Darin spiegelte sich ein großer, kräftiger Mann.
Dieser Mann beobachtete Alice.
Das konnte sie in dem Video deutlich erkennen.
Alice zittert immer heftiger.
Die Gedanken an den Film machen sie
ganz verrückt.

„Alice?", hört sie da eine männliche Stimme
hinter sich.
Erschrocken stößt sie einen Schrei aus.
„Schon gut, schon gut. Ich tu dir nichts",
sagt die Stimme beruhigend.
„Verdammt, Mats!", ruft Alice erleichtert.

Mats mustert Alice von oben bis unten.
Dann sieht er die roten Wollsocken.
„Alice, du ... ich will dich nicht nerven.
Aber ist dir klar, dass du keine Schuhe anhast?"
Alice errötet.
„Ich ... ich ...", stammelt sie.

Vielleicht sollte ich Mats
von der Jared-Mail erzählen, überlegt sie kurz.

Und dass mich dieses Video erschreckt hat.
Doch sie sagt nichts.
Es ist ihr zu peinlich.
Es ist ja auch nichts passiert, denkt sie.

Vielleicht bin gar nicht ich gemeint, sondern
die Rasende Rita?, kommt es Alice in den Sinn.
Ja, genau, das ist es!
Bestimmt hat sich jemand mächtig
über die Rasende Rita geärgert.
Und wollte sich dafür rächen.

Alice holt tief Luft.
„Sag mal ehrlich: Bist du Jared?“, fragt sie Mats.
Dabei schaut sie ihn genau an.
„Was meinst du damit?“, fragt Mats verwirrt.
„Na ja, ich war nicht immer gerecht zu dir“,
murmelt Alice nachdenklich.
„Ich aber auch nicht zu dir“, gibt Mats zu.
Dabei klingt seine Stimme sehr ernst.
„Ja, das stimmt“, meint Alice.
„Aber noch mal: Bist du Jared?“
Mats schüttelt den Kopf.
„Ich verstehe nicht, wovon du redest.
Warum stehst du hier in der Kälte rum,
ohne Jacke und Schuhe?
Und warum fragst du mich
über irgendeinen Jared aus?“

Zögernd streckt Mats seine Hand nach Alice aus.
Doch Alice weicht sofort zurück.
Sie kommt sich selbst lächerlich vor.
Mats scheint wirklich nichts zu wissen,
überlegt sie verwirrt.
Aber warum taucht er gerade jetzt hier auf?

„Ich muss nach Hause“, sagt Alice.
Schnell dreht sie sich um.
Ohne Abschieds-Gruß läuft sie davon.

Mutter und Tochter

Alice hat ihren Schlüssel vergessen und klingelt.
Alices Mutter öffnet die Tür.
„Wo kommst du denn her?“, fragt sie.

„Ich ... mir ist was aus dem Fenster gefallen“,
lügt Alice.
Sie spürt, dass sie rot wird.
Mist! Eine blödere Erklärung fiel mir wohl nicht ein,
denkt sie.

„Und ich wollte mich etwas bewegen“,
lügt Alice weiter.
„In Socken?“, fragt ihre Mutter ungläubig.
„Jawohl, in Socken“, sagt Alice energisch.
„Lässt du mich jetzt bitte rein?
Mir ist nämlich kalt“, erklärt sie dann patzig.

„Was ist dir denn aus dem Fenster gefallen?“,
fragt ihre Mutter.
„Ach, es war nur ein kleiner Glitzer-Stern.
Katja hat ihn mir heute in der Schule geschenkt.
Aber er ist wohl weggeweht.
Ich hab ihn jedenfalls nicht gefunden.“

Alice würde am liebsten zu ihrer Mutter laufen.
Es wäre so schön, von ihr umarmt zu werden.

Sie würde ihr gern alles erzählen.
Von diesem Jared, und dass er ihr Angst macht.

Ich muss mich selbst um die Sache kümmern, denkt Alice dann jedoch.
Sie geht in ihr Zimmer und schließt die Tür hinter sich.

Eine lange E-Mail

Von: „Alice Bandow“ Alice.Bandow@netz.de
An: „Katja Horle“ katja.h@inter.de
Betreff: Tschüss, Rasende Rita!

Hi Katja,
du hast mit den Mails angefangen.
Jetzt maile ich dir auch.
Ich hoffe, es lenkt dich nicht vom Lernen ab!

Heute habe ich wieder eine Jared-Mail erhalten.
Gestern dachte ich ja,
du wärst Jared und wolltest mich verarschen.
Okay, du bist es nicht!
Das weiß ich jetzt.

Aber ich werde diesen Blödmann nicht los.
Stell dir vor: Er hat mich gefilmt.
In meinem Zimmer.
Er stand dabei direkt vor meinem Fenster.
Natürlich im Dunkeln.
Und das Video hat er ins Netz gestellt.
Schau dir den Mist mal an:
http://www.mymo.com/legend!o=guSfhC8

Klar, das ist alles kein Drama.
Der Typ muss ja nicht gleich so ein kranker Arsch sein.

Ich denke nicht, dass er mir auflauert.
Und mich in einen dunklen Keller verschleppt.
Ja, ich übertreibe natürlich.
Es ist sicher jemand,
der sich über die Rasende Rita geärgert hat.
Ich kann mir auch schon vorstellen, wer das ist.

Aber egal.
Dieser Jemand hat mich zum Nachdenken gebracht.
Und zwar über die Rasende Rita.
Ich habe alle meine Storys noch mal gelesen.
Und ich schäme mich.

Katja, du bist meine beste Freundin.
Warum hast du mich nicht
schon längst mal gestoppt?
Ich kann die Rasende Rita kaum noch
selbst ertragen.
Klar, sie (ich) kann zwar gut schreiben.
Aber das meiste ist echt nur fies und verächtlich.
Deshalb lösche ich jetzt alles.
Mit der Rasenden Rita ist nun Schluss.

Wenn ich ehrlich bin, bin ich Jared sogar dankbar.
Ich sollte einfach wieder nur Alice sein.
Es gibt wichtigere Dinge im Leben,
als über die Schule zu tratschen.
Ich hoffe, du liebst mich trotzdem noch!

Auch wenn ich keine virtuelle Berühmtheit mehr bin.
Oder vielleicht gerade deshalb?
Deine allerliebste Alice

Genau 17 Minuten später kommt Katjas Antwort.
Ihre Mail besteht nur aus einem einzigen Satz:

Bin sofort bei dir!

Aussprache

Katja ist gekommen.
Gemeinsam hocken die Mädchen auf Alices Bett.
Katja umarmt ihre Freundin.
„Reg dich nicht auf“,
wiederholt sie dabei mehrere Male.
„Mach ich doch gar nicht“, widerspricht Alice.
Sanft löst sie sich aus Katjas Umarmung.

„Die Begegnung mit Mats war echt peinlich“,
sagt Alice.
„Der denkt sicher, ich sei total verrückt.“
„Ach was, der wird schon kein Drama draus machen“,
sagt Katja.
„Mats ist doch eigentlich ne coole Socke.“

„Ja, Socke! Das ist das passende Wort“, erwidert Alice.
„Ich habe bestimmt völlig verwirrt ausgesehen.
So ohne Schuhe und ohne Jacke in der Kälte.
Und ich Blöde habe Mats zigmal gefragt,
ob er Jared ist.“

Katja grinst breit.
„Tschuldigung“, murmelt sie,
als Alice sie empört anschaut.
Alice verzieht das Gesicht.
Sie tut so, als hätte sie große Schmerzen.

„Es tut mir leid", versichert Katja kleinlaut.
„Echt blöd von mir, dich auch noch auszulachen …"
Doch Alice unterdrückt nur mühsam ein Lachen.
Als Katja das bemerkt, muss auch sie lachen.

Nach einer Weile wischt Alice sich
die Lachtränen aus den Augen.
„Trotzdem könnte Mats etwas mit der Sache
zu tun haben", sagt sie.
„Quatsch", erwidert Katja energisch.
„So etwas passt nicht zu ihm.
Mats schleicht sich nicht heimlich im Dunkeln
an dein Fenster und filmt dich!"

„Aber Mats wohnt doch ganz woanders als ich",
meint Alice unsicher.
„Wie kann er da zufällig hier vorbeikommen?
Und zufällig gerade dann,
als ich in Socken über die Straße gerannt bin?
Das ist schon merkwürdig."

„Du siehst Gespenster", sagt Katja.
„Du verdächtigst den Falschen.
Da bin ich mir ganz sicher."
„Wahrscheinlich hast du recht", seufzt Alice.
„Mats ist ein Angeber, aber …"
„Vielleicht stimmt das ja alles mit seinem Vater",
unterbricht Katja Alice.

„Vielleicht ist der doch ein bekannter Filmemacher."
Alice mustert Katja erstaunt.
Dann fragt sie:
„Sag mal, bist du in Mats verknallt?"
Katja verdreht die Augen und wird sofort rot.
„Nein, ich schwöre", versichert sie etwas zu heftig.
„Er sieht mich doch sowieso nicht",
murmelt sie dann bitter.
„Mats ist in dich verknallt. Ich bin für ihn nur Luft."

„Ach Katja", Alice seufzt tief.
„Ich glaube, jetzt siehst du Gespenster."

Alice freut sich,
dass das Gespräch lockerer geworden ist.
Sie mag einfach nicht mit Katja streiten.
Dennoch fühlt Alice sich nicht wohl.

Warum habe ich dabei Bauchschmerzen,
fragt sie sich.
Weil Katja auf Mats steht?
Mir ist Mats doch völlig egal.
Oder etwa nicht?

Kopfschmerzen

Am nächsten Tag ist Alice krank.
Ihr Hals tut weh, ihr Kopf dröhnt.
Sie fühlt sich fiebrig.

„Hoffentlich hast du nicht dieses neue Virus“,
meint Alices Mutter.
„Unsinn“, krächzt Alice.
„Was hast du dann?“
„Ich habe mich nur erkältet
und schlimme Kopfschmerzen“, klagt Alice.
„Kannst du mir bitte was
gegen die Kopfschmerzen bringen?“
Die Mutter nickt und verlässt das Zimmer.

Alice will Katja eine kurze Nachricht schreiben.
Aber auf dem Handy zu tippen ist ihr
zu anstrengend.
Deshalb nimmt sie eine Sprach-Nachricht auf:
Hi Süße, ich komme heute nicht zur Schule.
Habe fiese Kopfschmerzen.

Katjas Antwort kommt sehr schnell.
Ach du Arme.
Du hast bestimmt Stress wegen
diesem blöden Jared.
Mir geht es aber auch nicht gut.

Ich habe heute Nacht versucht,
den Absender dieser blöden E-Mails herauszufinden.
Aber davon später mehr.
Jetzt sieh erst mal zu, dass du wieder fit wirst.

Alices Mutter kommt mit einem Tablett ins Zimmer.
„Musst du gleich wieder am Handy hängen?
Du solltest dich doch ausruhen", meint sie.

„Ich will mich nur kurz bei Katja melden.
Sie soll mich in der Schule entschuldigen",
verteidigt Alice sich.
Schnell spricht sie in ihr Handy:
„Ähm, Katja, ich melde mich später bei dir.
Meine Mutter bringt mir gerade was
gegen die Kopfschmerzen."

„Alles klar. Hast du was Ansteckendes?
Oder kann ich dich nach der Schule besuchen?,
fragt Katja nach.

„Ich hab nichts Schlimmes.
Komm einfach vorbei.
Tschüss Süße!
Alice legt ihr Handy weg.
Sie schaut auf das Tablett und verdreht die Augen.
„Was hast du denn da alles angeschleppt, Mama?",
fragt sie genervt.

„Kamillen-Tee, Zwieback, eine Wärmflasche,
Tabletten gegen Kopfschmerzen und ein Glas Wasser!
Mama, du übertreibst.
So krank bin ich nicht“, murmelt Alice.

Ihre Mutter setzt sich auf die Bettkante.
„Ich übertreibe nicht“,
erklärt sie ein wenig beleidigt.
„Ich sorge mich nur um dich.“

Soll ich meiner Mutter von den E-Mails erzählen?,
überlegt Alice.
Doch sie tut es nicht.
Meine Mutter verbietet mir sonst vielleicht
das Internet, denkt sie.
Und vielleicht ruft sie sogar die Polizei an.

Alice nimmt die Tablette, die ihre Mutter ihr gibt.
Dann streckt sie die Hand nach der Teetasse aus.
Doch ihre Mutter gibt ihr schnell das Wasserglas.
„Der Tee ist noch viel zu heiß“, mahnt sie.
„Nimm lieber einen Schluck Wasser.“

„Mama, ich bin kein Kleinkind mehr“, motzt Alice.
Ihre Mutter zieht die Augenbrauen hoch.
„Na ja, gestern kamst du mir aber so vor.
Nun denn, jetzt muss ich Robin zur Schule bringen.
Kann ich dich allein lassen?“

„Natürlich kannst du das", erwidert Alice schnell.
„Ich schlaf gleich noch ein bisschen."

„Ja, mach das", sagt die Mutter und steht auf.
An der Zimmertür bleibt sie kurz stehen.
„Du sagst mir doch, wenn du Probleme hast, oder?",
fragt sie und schaut dabei an Alice vorbei.

Ich kann nichts vor meiner Mutter verbergen,
denkt Alice.
„Sicher, aber es ist alles in Ordnung", versichert sie.
Sie blickt ihrer Mutter dabei ebenfalls nicht
in die Augen.

Als ihre Mutter weg ist, fällt Alice ein:
Ich hab mich gar nicht nach Robin erkundigt.
Gestern beim Abendessen war er ziemlich verwirrt.

Ein älterer Junge hat ihren Bruder bedroht.
„Du musst mir in Zukunft dein Kakaogeld geben",
hatte der Junge zu Robin gesagt.
„Wenn du das nicht tust, kriegst du Schläge."

Robin wollte seiner Mutter zuerst nichts erzählen.
Doch dann hat sie gefragt:
„Und, wie war es heute in der Schule?
Hast du Spaß gehabt?"
Da musste Robin weinen und erzählte alles.

Seine Mutter ging daraufhin sofort
zur Mutter von dem anderen Jungen.
Sie erzählte ihr von dem Erpressungs-Versuch.
Der Junge soll sich bei Robin entschuldigen.

„Und wenn der mich morgen verhaut,
weil ich gepetzt habe?“,
fragte Robin ängstlich beim Abendessen.
„Das wird er schon nicht tun, Robin“,
meinte seine Mutter.
„Aber man darf sich nicht alles gefallen lassen.“
Na ja, wenn das mal immer so leicht wäre,
hatte Alice gedacht.

Alice wollte eigentlich heute morgen noch
mit Robin reden.
Aber wegen der fiesen Kopfschmerzen hat sie
nicht mehr daran gedacht.

Alice erinnert sich auch an Katjas Sprach-Nachricht.
Katja wollte den echten Absender
von den merkwürdigen E-Mails herausfinden.
Mist, dass ich nicht nachgefragt habe,
schimpft Alice mit sich selbst.
Vielleicht weiß Katja ja inzwischen,
wer sich hinter dem Namen Jared verbirgt.

Drohung

Alice liegt noch im Bett.
Nun strampelt sie die Bettdecke weg und steht auf.
Sie zieht sich bequeme Klamotten an.
Sie fühlt sich immer noch krank.
Aber sie ist auch neugierig.
Sie klappt ihren Laptop auf.
Keine E-Mail von Katja.
Aber eine weitere E-Mail von Jared!

„Du krankes Arschloch“, zischt Alice wütend.
„Von dir lass ich mich doch nicht verrückt machen.“

Entschlossen öffnet sie Jareds E-Mail.
Sie schaut auf die graue fette Schrift.
Ihr Herz fängt heftig an zu schlagen.

Von: „Jared“ jared96@mail.de
An: „Alice Bandow“ Alice.Bandow@netz.de
Betreff: Warum???

Alice,
warum hast du ihr von uns erzählt?
Wieso sollte sie herausfinden, wer ich bin?
Warum machst du so etwas?
Ich verehre dich und bin immer bei dir.
Spürst du das denn nicht?

Ich bin sauer, verstehst du?
Ich habe das Gefühl, du misstraust mir.
Und du machst dich über mich lustig.

Alice, meine Süße, ich möchte dir nicht wehtun.
Aber wenn du dich weiter so verhältst, dann …
Ich behalte dich im Auge.
Dein Jared

Es klopft an der Zimmertür.
Alices Mutter kommt rein.
„Das kann ja wohl nicht wahr sein“, regt sie sich auf.
„Du hockst schon wieder am Laptop!
Du machst jetzt sofort das Teil aus
und legst dich wieder hin.
Und dein Handy legst du auch weg!“
„Ich wollte nur ganz kurz was im Netz nachsehen“,
versichert Alice.
Diesmal braucht sie nicht zu lügen.

Alices Mutter schaut ihre Tochter misstrauisch an.
„Na gut. Aber ich behalte dich im Auge.“
Dann verlässt die Mutter das Zimmer.
Alice schaut ihr hinterher und denkt:
Meine Mutter hat genau die gleichen Worte
gewählt wie Jared.
Ist das Zufall oder drehe ich jetzt durch?

IP-Adresse

Katja ist gekommen.
Sie setzt sich auf Alices Bett.
„Wie erkennt man eigentlich
den echten Absender von E-Mails?
Kannst du mir das mal erklären?“, fragt Alice.

„Also, es ist so“, beginnt Katja.
„Man kann einfach einen falschen Namen angeben.“
Alice hakt nach:
„Ich denke mir also einen Namen aus,
zum Beispiel *Blauer Affe*.
Dann versende ich meine Mails als Blauer Affe.
Und kein Mensch weiß, wer ich bin?“
„Ja, so hat Janne es mir erklärt“, sagt Katja.

„Warum hast du gerade Janne gefragt?
Der ist doch total schräg drauf“, meint Alice.
„Na ja, Janne kennt sich am besten
mit dem Internet aus“, erwidert Katja.

„Hat er sich denn nicht
über deine Frage gewundert?“, fragt Alice.
„Er hat sich nicht gewundert – er hat sich gefreut.
Soll ich dir nun sagen, was ich weiß?“,
fragt Katja leicht gereizt.
„Klar doch. Tschuldigung“, murmelt Alice.

„Über die IP-Adresse kann man
den richtigen Absender ermitteln.
Wenn eine E-Mail bedrohlich wirkt,
dann kann man das der Polizei melden.
Aber man sollte die Polizei nur einschalten,
wenn es wirklich ernst ist.
Das meint jedenfalls Janne."

Katja verhält sich sonderbar, denkt Alice.
Warum hat sie ausgerechnet Janne gefragt?
Sie mag Janne doch gar nicht.

„Hm", sagt Alice nachdenklich.
„Was ist eine IP-Adresse?"
„Das ist eine Nummer.
Mit der kann man jede Verbindung im Internet
einem bestimmten Absender zuordnen",
erklärt Katja.

„Ach so", meint Alice.
„Dann kann man also doch
den echten Absender ermitteln."

„Das schon. Aber es ist sehr schwierig", erklärt Katja.
„Und eigentlich dürfen das nur Ermittler
von der Polizei."

Angespannte Stimmung

„Ja!“, ruft Alice gereizt,
als es an der Zimmertür klopft.
Da steht Alices Mutter schon im Zimmer.
Sie bringt Kekse und zwei Gläser Milch.
„Du siehst schon viel besser aus, Alice“,
sagt sie lächelnd.
„Keinen Hunger“, erwidert Alice mürrisch.

Katja hingegen strahlt Alices Mutter freundlich an.
„Das ist doch wirklich nett von deiner Mutter“,
zischt sie Alice zu.
„Ja, sehr nett“, murmelt Alice.
Dann schweigen alle.
Die Stimmung ist angespannt.

„Alice, magst du mich noch ein Stück begleiten?“,
fragt Katja schließlich.
„Gute Idee!“, ruft Alice und eilt zum Kleider-Schrank.
Sie zerrt Jacke und Schuhe raus und zieht beides an.

„Aber …“, protestiert ihre Mutter.
„Frau Bandow, seien Sie nicht böse.
Ich soll früh nach Hause kommen“,
plappert Katja drauflos.
„Meine Schwester muss zum Zahnarzt.
Und mein Bruder kann nicht allein bleiben.“

„Na ja, wenn ihr meint“, sagt die Mutter.
„Aber zieh dich warm an, Alice,
du bist schließlich krank.“

Vor der Haustür fragt Alice:
„Du bist also in Mats verknallt?“
„Blödsinn“, regt Katja sich auf.
„Ich mag ihn, aber mehr nicht.“
Leise fügt sie hinzu:
„Er hat sowieso kein Interesse an mir.“

„Weil du meinst, dass er auf mich steht.
Aber das ist Unsinn ...“, sagt Alice.
„Stopp!“, unterbricht Katja Alice.
„Warum bist du so zickig?
Ich wollte dir nur helfen. Mehr nicht.“

„Schon gut, schon gut“, sagt Alice beruhigend.
„Ist wohl heute nicht unser Tag.“
„Mein Tag war bisher völlig in Ordnung“,
erwidert Katja patzig.
„Am besten haue ich jetzt ab. Bis morgen.“

Mit hoch erhobenem Kopf läuft Katja davon.
Irgendetwas verheimlicht Katja mir aber doch,
überlegt Alice.

Im Dunkeln

Ein großer, dunkler Schatten ist dicht hinter Alice.
Verzweifelt ruft sie um Hilfe.
Aber es ist niemand da, der ihr helfen kann.
Der Schatten kommt näher …

Da wacht Alice erschreckt auf.
Es ist zwei Uhr in der Nacht.
Draußen hat es angefangen zu stürmen.

Alice schläft nicht gern im Dunkeln.
Schon als Kind hat sie sich
vor der Dunkelheit gefürchtet.
Nachts muss in ihrem Zimmer ein Licht brennen.
Und die Vorhänge müssen offen sein.

Gestern Abend hat Alice die Vorhänge zugezogen.
Damit niemand sie heimlich beobachten kann.

Alice steht auf und geht zu ihrem Schreibtisch.
Sie will Jared eine Mail schicken.

Lieber Jared,
wer auch immer du bist.
Ich verstehe deinen Ärger.
Aber ich habe niemanden beauftragt.
Das musst du mir glauben!

Aber lass uns kein Verstecken spielen.
Ich möchte dich kennenlernen.
Das möchtest du doch auch, oder?

Sollen wir uns treffen?
Zum Beispiel im Café Krügers.
Deine Alice

Alice sitzt noch eine Weile vor dem Laptop.
Sie kann jetzt sowieso nicht einschlafen.
Sie denkt darüber nach,
was Katja ihr über gefälschte Namen erzählt hat.
Katja weiß das alles von Janne.
Was, wenn Janne hinter „Jared“ steckt?
Je länger Alice darüber nachdenkt,
umso sicherer ist sie sich:
Janne muss Jared sein!

Da blinkt das Signal für eine neue E-Mail.
Jared hat tatsächlich mitten in der Nacht
ihre Mail gelesen und gleich geantwortet:

Um 16 Uhr erwarte ich dich.
Jared

Albtraum

Der Unbekannte ist müde, kann aber nicht schlafen.
Er wälzt sich hin und her.
Gegen drei Uhr schläft er endlich ein.
Sofort fängt er an zu träumen.
Er träumt immer denselben schrecklichen Traum:
Es ist dunkel und er geht eine Straße entlang.
Nur wenige Straßenlampen geben etwas Licht.

Im Traum ist er ein kleiner, dicker Junge.
Er hat rote Haare.
Er hat keine Angst im Dunkeln.
Er läuft und läuft.
Dann bleibt er atemlos an einer Kreuzung stehen.
Welche Straße soll ich nehmen?, überlegt er.
Er entscheidet sich immer für die Straße nach links.
Denn diese Straße wirkt so hell.

Er wünscht sich ein paar freundliche Worte.
Und ein Lächeln, das nur ihm gilt.
Doch er hat kein Glück.
Die Straße nach links ist hässlich.
Hier leben nur unfreundliche Menschen.

Am Ende der Straße steht noch ein Haus.
Aus der Haustür kommt ein hübsches Mädchen.
Das Mädchen spitzt ihre roten Lippen.

„Küss mich, Dickerchen!“, säuselt sie.
Das Wort „Dickerchen“ schreckt ihn ab.
Aber die roten Lippen sehen verlockend aus.

Er geht zu dem Mädchen und schließt seine Augen.
Da pressen sich weiche Lippen auf seinen Mund.
Sofort durchfährt ihn ein wohliger Schauer.
Er fühlt: Das ist der schönste
und aufregendste Kuss, den es gibt.

Plötzlich hat er einen ekligen Geschmack im Mund.
Er reißt seine Augen auf …
Ein Schwein starrt ihn spöttisch an.
Das Schwein leckt ihm schmatzend übers Gesicht.
Es saugt grunzend an seinen Lippen.
Und dann lutscht es auf seiner Zunge herum.

Ihm wird übel.
Aber er bleibt mit hängenden Armen stehen.
Um ihn herum stehen nun mehrere Jungs.
Alle sind groß und haben blonde Haare.
Die Jungs klatschen in die Hände und rufen laut:
„Na, Dickerchen! Mach weiter so!
Knutsch die fette Sau!“

An dieser Stelle endet sein Albtraum immer.
Er wacht auf und ist ganz verschwitzt.
Meist schafft er es gerade noch ins Bad.

Dort übergibt er sich.
Mit zittrigen Beinen schleicht er in sein Bett zurück.
Erschöpft und verzweifelt starrt er
an die Zimmerdecke.

Ein Traum. Alles ist nur ein blöder Traum.
Aber was, wenn der Traum wahr wird?
Was ist, wenn ich wirklich
ein nettes Mädchen treffe?
Und sie dann nur ein ekliges Schwein ist?

Die Vorstellung macht ihm große Angst.
Und er erinnert sich an damals.
Als er wirklich ein kleiner, dicker Junge
mit roten Haaren war.

Damals musste er tatsächlich eine Sau küssen.
Die Sau stank widerlich.
Die Jungs aus der Nachbarschaft zwangen ihn
zu dem Kuss.
Die Jungs hatten alle blonde Haare.
Laut riefen sie immer wieder:
„Komm, Dickerchen, küss die fette Sau!“

Lüge

Am nächsten Tag geht Alice
wie gewohnt zur Schule.
Heute ärgert sie sich mal nicht über Dr. Sprenger.
Um 16 Uhr wird sie sich mit Jared treffen.
Sie ist schon aufgeregt.
Nach Schulschluss verabschiedet sie sich hastig
von Katja.

„Ich geh noch zu meiner Oma", lügt Alice.
„Warum heute?", wundert Katja sich.
„Sonst gehst du doch immer samstags zu ihr."
Alice fällt schnell eine Ausrede ein:
„Meine Oma hat mir ein Paar neue Socken gestrickt.
Die will ich abholen."

Katja grinst.
Dann fragt sie:
„Hast du Mats heute in der Schule gesehen?"
Alice schüttelte den Kopf.
„Ich auch nicht", sagt Katja traurig.

„Ach Katja, morgen siehst du ihn bestimmt.
Dann solltest du mal mit ihm reden",
schlägt Alice vor.
„Spinnst du?", fragt Katja.
„Warum redest du so einen Unsinn?"

„Na ja, so unsinnig finde ich das nicht“,
meint Alice.
„Du magst ihn, also sag es ihm.
Und nun muss ich wirklich los.
Du kennst doch meine Oma.
Sie hasst es, wenn ich zu spät komme.“

Alice eilt davon.
„Wollen wir uns später im Café Krügers treffen?“,
ruft Katja ihr hinterher.
„Geht nicht“, antwortet Alice.
„Ich bleibe bis zum Abend bei meiner Oma.“

Im Café Krügers

Alice geht kurz vor 16 Uhr ins Café Krügers.
Sie beobachtet gern die vielen Leute hier.
Zum Beispiel die schicke Oma
in der rosa Seiden-Bluse.
Die trinkt hier täglich einen Tee.
Und da sitzt auch ein junges Pärchen,
das sich verliebt anstrahlt.

Das Beste aber ist die Café-Besitzerin: Frau Taube.
Alle nennen sie nur Täubchen.
Täubchen ist eine herzliche Frau.
Sie ist freundlich und fröhlich.

Täubchen möchte, dass es den Menschen gut geht.
Sie weiß: Schüler haben wenig Geld.
Sie dürfen sich deshalb auch ein Getränk teilen.
Und stundenlang damit am Tisch sitzen bleiben.

Um Geld braucht Täubchen sich trotzdem
nicht zu sorgen.
Das Café Krügers ist meist rappelvoll.
Und zum Glück kommen auch Gäste mit mehr Geld.
Die sorgen dafür, dass Täubchen nicht arm wird.

Heute macht es Alice allerdings keinen Spaß,
Leute zu beobachten.

Sie nimmt sich eine Zeitschrift
und blättert darin herum.
Dabei schaut sie sich unauffällig im Café um.
Janne ist nicht zu entdecken.

Wo bist du, Janne?, denkt Alice genervt.
Willst du immer noch Verstecken spielen?
Ich weiß genau, dass du dich
hinter dem Namen Jared verbirgst.
Zeig dich endlich!

Im Buchladen

Alice sitzt seit einer Stunde im Café Krügers.
Sie wartet auf Janne.
Sie denkt ja, dass Janne Jared ist.
Doch Janne kommt nicht.
Janne ist ein feiger Idiot, denkt Alice.

Dann verlässt Alice das Café.
Sie geht in den Buchladen nebenan.
Dort will sie einen Roman weiterlesen.
Letzte Woche war sie bis Seite 211 gekommen.

In einem Buchladen soll man Bücher
kaufen und nicht lesen.
Das weiß Alice.
Aber was soll sie tun?
Sie hat nun mal nur wenig Geld.

Alice will beim Lesen nicht gesehen werden.
Kurz schaut sie nach links und rechts.
Niemand scheint sie zu beachten.
Dann nimmt sie den Roman aus dem Regal.

Gerade will Alice sich einen ruhigen Platz
zum Lesen suchen.
Da tippt ihr jemand von hinten auf die Schulter.
Alice fühlt sich ertappt.

„Ich wollte nur ein bisschen
in dem Buch rumblättern", sagt sie schnell.

„Von mir aus", hört Alice eine bekannte Stimme.
Sie dreht sich um.
„Ach Mats, du bist es.
Warum tauchst du immer so plötzlich da auf,
wo ich gerade bin?", schimpft sie dann zornig.

„Das ist wohl Zufall", sagt Mats unschuldig.
„Jedenfalls bin ich nicht in roten Wollsocken
über die Straße gerannt."
Typisch, denkt Alice verärgert.
Mit der Socken-Geschichte wird Mats sich
jetzt immer über mich lustig machen.

„Und ich verfolge dich nicht", knurrt Alice gehässig.
„Schade", grinst Mats sie strahlend an.
Er sieht wirklich aus wie ein Film-Schauspieler.

„Was liest du da eigentlich?", will Mats wissen.
„Nichts, was dich interessiert",
erwidert Alice schnippisch.

Mats seufzt leise.
„Warum bist du eigentlich immer so zickig?"
Seine Stimme klingt sanft
und auch ein wenig traurig.

Alice ärgert sich jetzt noch mehr.
Ärgert sie sich über Mats oder über sich selbst?
Das weiß sie nicht.

„Lauf Katja doch mal zufällig über den Weg“,
sagt sie schließlich.
„Katja wird sich freuen. Sie steht nämlich auf dich.“

O je, das hätte ich Mats nicht verraten dürfen.
Katja wird nun bestimmt wütend auf mich sein,
denkt Alice erschrocken.
„Ähm ... na ja, vergiss es“, sagt sie zu Mats.
„Ich bin etwas verwirrt wegen ... na ja ...“

Mats lächelt und sagt:
„Von mir erfährt Katja kein Wort.“
„Danke“, murmelt Alice.
Die Sache ist ihr sehr peinlich.

„Warum bist du verwirrt?“, fragt Mats dann.
„Hat es mit diesem Jared zu tun?“
Erschrocken reißt Alice die Augen auf.
„Jared? Wie kommst du denn auf Jared?“

Mats zuckt mit den Schultern.
„Na ja, letztes Mal warst du auch nicht gut drauf,
als es um Jared ging.
Deshalb dachte ich ...“

„Sag mal: Bist du vielleicht doch Jared?“,
unterbricht Alice ihn.
„Oder hast du irgendetwas mit ihm zu tun?“
„Nein!“, erwidert Mats
und schüttelt energisch den Kopf.
„Ich heiße Mats, nicht Jared. Das weißt du doch.“

Mats sieht, dass Alice sich unwohl fühlt.
„Möchtest du darüber reden?“, fragt er.
„Pff“, macht Alice und schweigt.

Dann weist sie auf das Buch in ihrer Hand.
„Ich geh dann mal zur Kasse“, sagt sie.
„Da wollte ich auch gerade hin“, meint Mats.
Erst jetzt bemerkt Alice, dass Mats ebenfalls
ein Buch in den Händen hält.
„Ach, du willst auch ein Buch kaufen?“
„Na ja, das macht man in einem Buchladen
wohl so“, sagt Mats lächelnd.
„Hm …“, erwidert Alice.

Kurz vor der Kasse bleibt Alice stehen.
„Wie blöd von mir.
Ich soll meiner Mutter doch auch
ein Buch mitbringen“, lügt sie.
„Das habe ich total vergessen.“
Mats schaut ein wenig misstrauisch.
„Okay“, sagt er. „Dann machs mal gut.“

Alice geht zu dem Regal zurück,
wo ihr Roman vorher stand.
Sie stellt das Buch wieder an seinen Platz.
Dann geht sie aus dem Laden.

Draußen trifft Alice Mats wieder.
Scheiße, jetzt kann ich nicht einfach abhauen,
denkt sie.
„Hi", sagt sie deshalb nur und lächelt.
Mats grinst Alice an.
Aber dann runzelt er die Stirn und fragt:
„Wo ist deine Tüte?"
„Tüte?", fragt Alice zurück.
„Deine Bücher meine ich", sagt Mats.

Oh je, wie peinlich, denkt Alice.
Dann sieht sie, wie ernst Mats sie anschaut.
„Ich ... ich ... wollte ..."
„... mich einfach loswerden", sagt Mats.
„Ich hab es schon kapiert.
Tschüss dann."

Zu zweit im Café Krügers

Mats geht eilig die Straße hinunter.
Was bin ich dämlich,
denkt Alice und rennt ihm hinterher.
„Mats! Warte!"
„Was?", knurrt er Alice an.
„Ich ... ähm ... Ich habe gar kein Buch gekauft."
„Das hab ich schon kapiert", bemerkt Mats.
„Sollen wir ins Café Krügers gehen?",
fragt Alice leise.
„Ich habe zwar kein Geld mehr.
Aber bei Täubchen darf man ja auch so sitzen."

Mats nickt.
Schweigend gehen er und Alice ins Café Krügers.
Sie setzen sich an einen kleinen Tisch.

„Ich ...", beginnt Alice stockend.
„Ich war heute schon mal hier. Wegen Jared."
Mats stöhnt und verdreht die Augen.
Alice fährt fort:
„Ich wollte mich mit ihm treffen.
Aber er ist nicht aufgetaucht."

Alice verstummt, weil Täubchen kommt.
„Darf ich euch etwas bringen?"
Alice will gerade „Nein danke" murmeln.

Aber Mats kommt ihr zuvor.
„Ja, gerne, Frau Taube.
Ich möchte eine Cola“, sagt er freundlich.
„Und was möchtest du, Alice?“, fragt er.
„Ich lade ich ein.“

Alice will protestieren.
Doch Täubchen erlaubt keinen Widerspruch.
Also murmelt Alice: „Für mich auch ne Cola.“
Dann bedankt sie sich bei Mats für die Einladung.

Täubchen eilt zur Theke, um die Getränke zu holen.
Und Mats fordert Alice auf: „Erzähl weiter.“

„Ich glaube, Janne schreibt mir blöde E-Mails.
Janne ist ein Junge aus meiner Klasse“, erklärt Alice.
Mats runzelt die Stirn.
„Janne? Aber geht es nicht um einen Jared?“

„Ja“, nickt Alice.
„Aber ich glaube, Janne gibt sich als Jared aus.
Er hat mich sogar gefilmt und den Film
ins Internet gestellt.“

„Der hat dich gefilmt?!“, fragt Mats erschrocken.
„Ja, draußen vor meinem Fenster“, antwortet Alice.
„Was ist das denn für einer“, regt Mats sich auf.
Liebevoll legt er seine Hand auf die Hand von Alice.

Alice unternimmt nichts dagegen.
Sie lässt es einfach geschehen.

Vielleicht ist Mats doch kein Angeber, überlegt Alice.
Vielleicht ist er sogar ein richtig guter Typ.
Vielleicht könnte ich mich sogar in ihn verlieben?

Wie ein gehetzter Tiger

Der Unbekannte ist in seinem Zimmer.
Unruhig läuft er auf und ab.
Wie ein Tiger im Käfig.

Wie kann Alice mir das nur antun?,
überlegt er enttäuscht.
Warum hat sie sich mit diesem Kerl getroffen?
Diesem Angeber. Schönling. Arschloch.

Stöhnend sinkt er in seinen Sessel.
Es ist immer das Gleiche, überlegt er.
Sobald mir ein Mädchen gefällt,
nimmt jemand sie mir weg.
Verdammt!

Über diese Superman-Story hab ich mich zwar
zuerst geärgert.
Aber dann habe ich verstanden:
Alice sehnt sich nach mir!
Ich bin ihr Superman.

Neulich, als sie in Socken über die Straße rannte …
Da war sie sicher auf der Suche nach mir.
Ich wollte sie schon ansprechen.
Aber da tauchte plötzlich dieser Typ auf.
Und mit dem hat Alice sich heute im Café getroffen.

Der Kerl hat so vertraulich seine Hand
auf ihre gelegt.
Und die Schlampe hat es einfach zugelassen!

Dann erinnert er sich
an den Verletzten auf der Straße.
Er selbst hatte sich den Vorfall ausgedacht.
Er hatte einen Obdachlosen niedergeschlagen.
Alice sollte den Mann finden.
Dann wollte er selbst als Retter auftauchen.
Und Alice damit beeindrucken.

Am nächsten Tag ging er in Alices Schule.
Um seinen Aushilfs-Job zu machen.
Ich war richtig aufgeregt, denkt er.
Aber Alice hat mich nicht mal erkannt.
Für Alice bin ich Luft.

Am Nachmittag bin ich zu ihr gegangen.
Ich habe gesehen, wie sie aus dem Haus gerannt ist.
Abends hat sie dann die Vorhänge zugezogen.
Zum ersten Mal konnte ich Alice nicht
heimlich beobachten.

Peinlicher Anruf

Nach dem Treffen mit Mats geht Alice nach Hause.
Unterwegs klingelt ihr Handy.
„Alice hier“, sagt sie in den Hörer.
„Wo warst du?“, fragt Katja.
„Bei meiner Oma.
Das weiß du doch“, sagt Alice.

„Ich habe dir unzählige Nachrichten geschickt.
Aber du hast keine davon gelesen“,
beschwert Katja sich.
„Oh … mein Handy war die ganze Zeit aus“,
erklärt Alice.

„Und warum?“, fragt Katja nach.
„Meine Oma mag es nicht, wenn ich die ganze Zeit
am Handy hänge“, erklärt Alice.
„Aha. Und seit wann interessiert dich das?“,
fragt Katja.
Alice wird langsam wütend.
„Katja, das wird mir jetzt echt zu blöd.“
„Mir auch“, erwidert Katja bitter.

Vielleicht hat Katja mich und Mats
im Café Krügers gesehen, denkt Alice.
Vielleicht hat sie gesehen,
wie Mats seine Hand auf meine gelegt hat.

„Katja ... ich ...“
„Schon gut“, unterbricht Katja sie.
„Du musst mir nicht alles erzählen.
Aber blöd rumlügen, das find ich scheiße.
Ich habe deine Oma angerufen.
Und die wusste gar nichts von deinem Besuch.“

„Oh“, sagt Alice nur.
Etwas Besseres fällt ihr gerade nicht ein.

Die Mädchen schweigen eine Weile.
Dann fragt Katja:
„Und? Wo warst du denn wirklich?“
„Ich erzähl es dir. Aber nicht jetzt, okay?“, fragt Alice.
„Okay, reden wir morgen darüber“, antwortet Katja.
„Ich muss dir dann auch etwas sagen.“

Suche nach Robin

Als Alice an Katjas Anruf denkt,
schämt sie sich sehr.
Gerade will sie die Wohnungstür aufschließen.
Doch ihre Mutter ist schneller und öffnet schon.
Sie sieht blass aus und hat gerötete Augen.

„Alice, du bist es!", ruft die Mutter erleichtert.
„Oh je. Hat Oma schon eine Vermissten-Anzeige
aufgegeben?", fragt Alice schuldbewusst.
„Was meinst du?", fragt ihr Mutter erstaunt.
„Ich habe Katja angelogen.
Ich habe ihr gesagt, ich gehe zu Oma.
Das war total blöd von mir, aber ..."

Ihre Mutter fällt Alice schroff ins Wort:
„Was redest du da?
Es ist mir völlig egal, ob du Streit mit Katja hast.
Robin ist nicht nach Hause gekommen.
Papa sucht nach ihm.
Ich habe schon überall angerufen.
Dich konnte ich jedoch nicht erreichen.
Deshalb habe ich Katja angerufen.
Ich wollte wissen, ob du bei ihr bist."
Die Mutter schluchzt leise.
„Oh Gott", entfährt es Alice.
„Das ... das hab ich nicht gewusst."

„Ich fahre jetzt zur Polizei“, sagt die Mutter.
„Ich will Robin als vermisst melden.
Du bleibst zu Hause, falls er kommt.
Alles klar?“

Plötzlich spürt Alice eine große Angst.
„Kann ich was tun?“, fragt sie leise.
„Ja, ruf bitte Papa an.
Sag ihm, dass ich zur Polizei fahre.
Aber ruf von deinem Handy aus an.
Ich will, dass die andere Leitung frei ist.“

Die Mutter gibt Alice einen kurzen Kuss.
Dann eilt sie zur Tür.
Alice bleibt nachdenklich im Flur stehen.
Dann tippt sie hastig eine Nachricht in ihr Handy.

Katja, kennst du die Namen der beiden Jungs,
die Robin geschlagen haben?

Hi Alice. Nee, kenn ich nicht. Warum?,
schreibt Katja zurück.

Alice schreibt: *Robin ist verschwunden.*

Katja antwortet:
Scheiße! Und du denkst,
die beiden Bengels stecken dahinter?

Alice ist nicht sicher. Sie schreibt:
Keine Ahnung.
Ich muss nachdenken.
Später mehr.

Könnte Janne hinter allem stecken?,
überlegt Alice dann.
Nein, das ist Schwachsinn!
Warum sollte Janne meinen Bruder entführen?
Vielleicht hat Robin einfach
eine schlechte Note bekommen.
Und nun traut er sich nicht nach Hause.

Alice wird plötzlich ganz flau im Magen.
Sie beginnt zu zittern. Ihr Herz rast.

Robin ist ein so zarter Junge, denkt sie voller Angst.
Er hat blonde Haare und schöne blaue Augen.
Ein Perverser könnte ihn entführt haben.

Eine weitere Drohung

Alice läuft unruhig in ihrem Zimmer hin und her.
Dann geht sie zu ihrem Schreibtisch.
Sie fährt ihren Laptop hoch
und öffnet ihr Mail-Programm.
Eine Nachricht von Jared.
Alice läuft es ein eiskalt den Rücken hinunter.

Von: „Jared" jared@mail.de
An: „Alice Bandow" Alice.Bandow@netz.de
Betreff: Rache ist süß!

Alice, ich habe dich gesehen.
Aber du warst nicht allein.
Du zerstörst alles!
Dafür wirst du bezahlen.

Ich werde mich an dir rächen.
Ich bin immer in deiner Nähe.
Ich höre dich. Ich sehe dich.
Du kannst mir nicht entkommen.

Jared

Telefongespräch

Die Mail von Jared hat Alice erschreckt.
Sie beschließt, Janne anzurufen.

„Hallo, Jared“, sagt Alice, als Janne ans Telefon geht.
Sie hat große Mühe, ruhig zu bleiben.
„Hier gibt es keinen Jared“, erwidert Janne genervt.
„Ach nein?“
„Was soll der Scheiß?
Wer spricht da überhaupt?“, knurrt Janne.

„Janne, hier ist Alice. Ich hab dich erkannt.
Ich denke, du bist Jared und schickst mir blöde Mails.
Ich war nicht immer fair zu dir.
Vielleicht habe ich es verdient,
dass du dich dafür rächen willst.
Aber deshalb gleich so einen Scheiß zu machen.“

„Bist du jetzt völlig durchgeknallt?“, fragt Janne.
„Noch nicht, aber ich stehe kurz davor“,
erwidert Alice.
„Ich will nur eins von dir wissen: Bist du Jared?“

„Ja, der bin ich. Na und?
Du hast es verdient.
Du als Rasende Rita schreibst ständig
so verletzende Storys.

Wir fanden:
Du solltest selbst mal erleben, wie das ist.
Deshalb haben wir …“

„Wir?“, unterbricht Alice ihn erstaunt.
Janne lacht höhnisch.
„Jawohl, wir.
Deine beste Freundin und ich.“

„Du und Katja?“, fragt Alice erschrocken nach.
„Ja. Heute sollte ich als Jared
eine letzte Mail an dich schreiben.
Morgen in der Schule wollten wir dir
alles beichten.“

„Und was ist mit dem Video,
das ihr ins Internet gestellt habt?
Das war ja wohl die Hölle“, sagt Alice böse.
„Das Video hab ich allein gemacht.
Katja hat damit nichts zu tun“, versichert Janne.
„Sie ist jetzt total sauer auf mich deshalb.“

Robin ist wieder da

Es läutet an der Wohnungstür.
Hastig öffnet Alice die Tür.
Da steht Robin.
„Robin! Gott sei Dank!“

Hinter Robin steht Mats.
„Ähm ..., ich verfolge dich nicht, Alice“, sagt er.
„Es ist wirklich Zufall, dass ich hier bin.
Ich habe Robin weinend im Park entdeckt.“

Und Mats berichtet weiter:
„Zwei Jungs haben Geld von Robin erpresst.
Sie haben ihm Schläge angedroht,
wenn er sie verpetzt.
Danach hat Robin sich nicht nach Hause getraut.
Er wollte bis zum nächsten Morgen im Park bleiben.
Ich habe ihm gesagt,
dass es nachts ziemlich kalt wird.
Robin fand es dann okay,
dass ich ihn nach Hause bringe.
Plötzlich standen wir vor eurem Haus.
Erst da habe ich begriffen,
dass Robin dein Bruder ist.“

Alice schaut Mats an und flüstert:
„Du bist ein Engel.“

Mats lächelt verlegen.
„Ich muss jetzt gehen.
Sehen wir uns morgen nach der Schule im Café?“,
fragt er dann noch.
„Ja, ich freue mich schon sehr darauf“, sagt Alice.

Verfolgung

Am nächsten Tag ist Alice auf dem Weg ins Café.
Sie ist sehr aufgeregt und freut sich auf Mats.

Da bemerkt sie einen Mann.
Er geht mit ein wenig Abstand hinter ihr.
Wenn sie stehen bleibt, bleibt er auch stehen.
Alice bekommt Angst.

Soll sie jemanden auf der Straße um Hilfe bitten?
Doch sie kommt sich lächerlich vor.
Was soll ihr schon geschehen?
Außerdem ist sie gleich beim Café Krügers.
Nur noch ein paar Schritte.
Dann will sie Mats um den Hals fallen.

Plötzlich tippt jemand Alice auf die Schulter.
Erschreckt dreht sie sich um.
„Was soll das?“, schreit sie erschrocken.
„Kennst du mich denn nicht mehr?“, fragt der Mann.

Alice starrt den Mann fragend an.
Doch dann erkennt sie ihn: Superman!

„Doch, jetzt erkenne ich Sie wieder“, sagt Alice.
„Du“, beharrt der Mann. „Sag nicht Sie zu mir.
So alt bin ich noch nicht.“

„Okay, dann eben du“, meint Alice.
„Sag mal, wieso bist du neulich
so schnell verschwunden?“

Der Mann zuckt mit den Schultern und schweigt.
Komischer Typ, denkt Alice.
„Na ja … Danke jedenfalls für deine Hilfe.
Ich muss dann jetzt mal weiter.
Mein Freund wartet“, sagt sie und will gehen.

„Nein! Warte!“
Die Stimme von dem Mann klingt schrill.
Langsam findet Alice den Typen unheimlich.
Neulich war er ganz anders.
Er war so stark und selbstbewusst,
als er dem Verletzten zu Hilfe kam.

„Kannst du nicht bleiben?“, fragt der Mann traurig.
Jetzt schaut er Alice direkt in die Augen.
Alice fühlt sich immer unwohler.
„Kapier endlich“, sagt sie gereizt, „mein Freund …“
„Ja, klar“, fällt er ihr grob ins Wort.
„Das ist natürlich wichtiger.“
„Da hast du recht“, erwidert Alice patzig.
Schnell läuft sie davon.

Internet-Suche

Der Unbekannte hatte wieder diesen Albtraum.
Und er erinnert sich an die Zeit,
als er ein kleiner Junge war.
Wie erbärmlich und hilflos er sich damals fühlte.

Inzwischen fühlt er sich erwachsen.
Seine Haare sind nicht mehr rot.
Er färbt sie nun schwarz.
Und er hat sich viele Muskeln antrainiert.
Er ist stolz auf sein tolles Aussehen.

Irgendwann fing er an, im Internet
nach einem Mädchen zu suchen.
Sie sollte so schön und perfekt sein wie er selbst.
Und tatsächlich entdeckte er ein blondes Mädchen,
das ihm gefiel.
Das blonde Mädchen war dann aber
plötzlich weggezogen.
Er hatte das gar nicht mitbekommen.

Er suchte erneut im Internet und entdeckte Leonie.
Leonie veröffentlichte eines Tages
Fotos von sich und ihrem Freund.
Da verlor er das Interesse an ihr.
Sein Mädchen muss Jungfrau sein.
Das ist ihm wichtig.

Schließlich fand er Alice im Internet.
Das schönste Mädchen, das er je gesehen hat.

Alice macht es ihm leicht.
Sie erzählt alles über sich im Internet.
Was sie mag und was nicht.
Wann und wo sie sich mit jemandem trifft.

Alice ist so begabt und klug, denkt er.
Und so wunderschön.
Sie ist eine echte Märchen-Prinzessin.
Und ich bin ihr Prinz, denkt er zärtlich.

Alice, dich werde ich zur Frau machen,
denkt er voller Sehnsucht.
Er sehnt sich so sehr danach, Alice zu küssen,
anzufassen …

Er spürt, wie sein Penis hart wird.
„Alice“, stöhnt er und schließt seine Augen.
Er spürt einen warmen Schauer.
Erneut stöhnt er lustvoll auf.

Alice, ich will dich holen, denkt er.
Ich will dich haben.
Jetzt!

Verliebt

Alice ist sehr froh,
als sie Mats im Café Krügers entdeckt.
„Hey Alice, ich komme auch gerade an“,
sagt er liebevoll.
Da bemerkt er, wie blass Alice aussieht.
„Was ist passiert?“, fragt er besorgt.
„Du siehst ja völlig fertig aus.“

Alice kommt sich klein und dumm vor.
Früher war ich doch auch nicht so schreckhaft,
denkt sie.
Auf einmal renne ich bei jeder kleinen Sache davon.
Manchmal sogar in Socken.

„Keine Sorge, jetzt ist alles okay“,
sagt sie dann aber zu Mats.
„Kannst du mich trotzdem mal fest
in die Arme nehmen?“

Mats umarmt Alice zärtlich.
Dann küssen sich die beiden.
Minutenlang.
Darauf hat Alice sich schon den ganzen Tag gefreut.

„Jetzt weiß ich, woher ich den Typen kenne“,
sagt Alice plötzlich.

„Welchen Typen?“
„Ich bin vorhin von einem Kerl angemacht worden.
Er hat mich verfolgt.“

Mats setzt sich ruckartig auf.
„Was? Und das erzählst du erst jetzt?“
„Eigentlich wollte ich das gar nicht erzählen“,
gibt Alice zu.
„Immer diese Verfolgungs-Geschichten.
Du musst mich ja für völlig durchgeknallt halten.“

„Stimmt“, antwortet Mats.
„So ein durchgeknalltes Mädchen wie dich
gibt es sonst nicht.
Aber genau das liebe ich an dir.“

Alice spürt, wie sie rot wird.
Ihr Herz schlägt heftig.
Mats hat gesagt, dass er sie liebt!

Mats blickt sie ernst an.
„Entschuldige, ich wollte dich nicht unterbrechen.
Was ist dann passiert?“

„Ähm ... Vor ein paar Tagen habe ich
einen Mann auf der Straße entdeckt.
Er war gestürzt und hatte sich am Kopf verletzt.
Er war bewusstlos.

Und ich wusste überhaupt nicht, was ich tun soll.
Plötzlich stand dieser Typ neben mir.
Er verständigte den Notarzt ...
Und bis der Notarzt kam,
kümmerte er sich um den Verletzten.
Dann war er plötzlich verschwunden."

Alice holt Luft, und Mats sagt in die Pause:
„Superman. Du hast über ihn geschrieben."

Sofort hat Alice wieder ein schlechtes Gewissen.
„Ja, Superman.
Natürlich habe ich die Story spöttisch gemeint.
Spott war wohl meine einzige Stärke
in den letzten Monaten", stellt sie bitter fest.

„Quatsch. Jetzt übertreibst du", widerspricht Mats.
„Du hast öfter mal Blödsinn geschrieben.
Aber so schlimm ist es auch wieder nicht."

Alice blickt Mats in die Augen.
Ihr wird ganz warm.
„Danke", flüstert sie.
„Wofür?", fragt Mats erstaunt.
„Dass es dich gibt und du mich magst."

Mats küsst jeden einzelnen Finger von Alice.
„Erzähl weiter", sagt er dann.

„Na ja, der Typ war nicht aufdringlich.
Aber dann fragte er mich vorhin beleidigt,
ob ich ihn nicht erkenne.
Ich habe hin und her überlegt.
Und jetzt weiß ich: Ich kenne ihn von der Schule.
Er arbeitet dort als Hilfskraft vom Hausmeister.“

„Warte mal.“ Mats lässt Alices Hände los.
„Meinst du etwa diesen peinlichen Typen?
Den mit den schwarz gefärbten Haaren?
Der hat mich letzte Woche fast
von der Treppe geschubst.“

Was?“ Alice reißt ihre Augen weit auf.
„Er behauptete, er hätte mich nicht gesehen“,
erklärt Mats.
„Aber das stimmt nicht.
Der hat mich mit Absicht geschubst.
Ich konnte mich gerade noch an Alex festhalten.“

„Was für ein blöder Typ“, murmelt Alice.
„Aber die Rasende Rita fand ihn scheinbar toll“,
sagt Mats neckisch.

Alice kneift ihre Augen zusammen.
„Ab sofort will ich die Worte Superman
und Rasende Rita nicht mehr hören.
Sonst …“

Alice hebt drohend ihre Faust.
„… lernst du die hier kennen."

Mats lacht.
„Oh weh, dann halte ich mich besser an dein Verbot.
Alice grinst und gibt Mats einen langen Kuss.

Nach einer Stunde verlassen die beiden
das Café Krügers.
„Ich bringe dich nach Hause", sagt Mats.
„Musst du nicht!", erwidert Alice.
„Das ist doch ein riesiger Umweg für dich."

„Aber was ist, wenn dieser Typ noch mal auftaucht?"
„Dann trete ich ihn dorthin, wo es richtig wehtut",
sagt Alice grinsend.
Mats verzieht das Gesicht.
„Aua! Du bist brutal."

„Also noch bis zur Kreuzung?",
fragt Mats und macht auf traurig.
Alice nickt.
An der Kreuzung bleibt Mats stehen.
Er legt theatralisch die Hand auf sein Herz.
„Und wenn du mir nun mein armes Herz brichst?"

Alice schüttelt den Kopf.
„Mats, du bist albern."

Mats nickt.
„Klar. Aber ich bin verliebt.
Da benimmt man sich nun mal so.
Dagegen bin ich völlig machtlos."

„Tschüss, du liebeskranker Engel", ruft Alice ihm zu.
„Engel?", fragt Mats überrascht.
Alice stellt sich auf die Zehenspitzen
und flüstert Mats ins Ohr:
„Jawohl, du bist mein Engel."
Dann gibt sie Mats einen Kuss und läuft davon.

Mats schaut ihr nach.
Dann geht auch er nach Hause.
An der Haustür fällt ihm etwas auf.
„Mist!", schimpft er vor sich hin.
„Ich habe im Buchladen doch ein Buch
für Alice gekauft.
Ich wollte es ihr im Café Krügers schenken.
Das habe ich total vergessen."

Mat überlegt nicht lange.
Schnell läuft er den Weg wieder zurück
und Alice hinterher.

Überfall

Alice läuft beschwingt die Straße entlang.
Das Leben ist so schön, denkt sie.
Besonders, wenn man verliebt ist.

Die Straße ist hell erleuchtet.
Überall hängen Lichter-Ketten.
Alles strahlt und glitzert.
Bald ist Weihnachten.

Alice blickt in den dunklen Himmel und denkt:
Wenn es jetzt anfängt zu schneien,
dann platze ich vor Glück.

Plötzlich schleicht sich jemand
von hinten an sie heran.
Eine große, kräftige Hand drückt ihr den Mund zu.
Sie will sich wehren, schreien, um sich schlagen.
Aber sie ist ganz starr vor Entsetzen.

„Keinen Mucks, dann passiert dir nichts“,
flüstert eine männliche Stimme nah an ihrem Ohr.
Alice nickt.
„Gut so“, sagt der Mann und zerrt Alice in ein Gebüsch.

Oh Gott, denkt Alice panisch.
Der ist total verrückt.

Im Haus gegenüber sitzen Leute beim Abendbrot.
Das kann er doch nicht machen!

Der Mann drückt Alices Gesicht auf den Boden.
Sie jammert leise.
„Das erste Mal im Gebüsch“,
stellt der Mann bedauernd fest.
„Das habe ich mir anders vorgestellt.
Aber du lässt mir keine Wahl.“

Alice spürt ihr Herz gegen ihre Rippen hämmern.
Sie versucht, sich mit den Händen abzustützen.
Doch der Mann packt ihre Handgelenke
und fesselt diese mit einer Schnur.
Dann dreht er Alice mit Schwung auf den Rücken.

Alice stöhnt vor Schmerzen auf.
Im Dunkeln erkennt sie einen kräftigen Mann.
Er hat eine dunkle Maske über den Kopf gezogen.
Nur seine Augen und sein Mund sind zu sehen.
Und ein paar schwarze Haare unter der Maske.

Jetzt beugt der Mann sich vor und will Alice küssen.
Voller Panik will sie sich wehren.
Aber er hält sie im Nacken fest.
Alice kann sich nicht bewegen.
Sie versucht zu schreien.
Aber sie kann nur krächzen.

„Ich habe ein Messer!“, zischt der Mann.
Alices Magen krampft sich zusammen,
ihr Atem stockt.
Oh Gott, bitte hilf mir.
Lass nicht zu, dass er mir etwas antut.

Der Mann versucht,
Alices Jacke und Pullover hochzuschieben.
Das gelingt ihm nicht sofort.
Da reißt er den Reißverschluss ihrer Jacke auf.
Er schiebt seine Hand unter ihren Pullover.
Mit den Fingern umkreist er ihren Bauchnabel.

Alice wimmert verzweifelt.
„Sei still!“, befiehlt er und packt sie am Nacken.
Seine andere Hand gleitet über ihre nackte Haut.
Seine Finger schieben sich unter ihren BH.
Alice wird schlecht vor Angst.
Sie spürt, wie ihr der Schweiß ausbricht.
Sie zittert – vor Kälte und Grauen gleichzeitig.

Plötzlich zieht der Mann seine Hände zurück.
„So geht das nicht“, stößt er ärgerlich hervor.
Er richtet sich auf und öffnet seine Jacke.
„Du sollst meinen Körper sehen!“

Hektisch wirft er die Jacke neben sich auf den Boden.
Er zieht sein Hemd aus.

Er reißt sich die Maske vom Kopf.
Dann breitet er seine Arme aus.

Superman, er ist es wirklich,
schießt es Alice durch den Kopf.
Das kann doch nur ein beschissener Albtraum sein.

„Schau mich an, Alice.
Sag schon, wie findest du mich?“, flüstert er heiser.

Der Typ sieht einfach lächerlich aus, denkt Alice.
Er hat viele Muskeln, aber sein Kopf ist mickrig.
Sie sagt jedoch nichts.
Fest presst sie ihre Lippen zusammen.
Und starrt den Mann nur panisch an.

„Bin ich ein Dummi“, kichert er da.
„Ich habe dir ja verboten, etwas zu sagen.
Aber deinen Kopf darfst du bewegen.
Also: Gefällt dir, was du siehst?“
Alice will den Kopf schütteln und schreien:
„Nein, du perverses, krankes Schwein!“
Doch sie nickt nur.

„Du bist so süß. So zuckersüß“,
flüstert der Mann Alice ins Ohr.
„Ich verspreche dir, es wird ganz wunderbar.
Wir sind füreinander bestimmt.“

Alice spürt harte Bartstoppeln auf ihrem Gesicht.
Und dann spürt sie seine Zunge.
Seine Zunge leckt über ihre Wange,
umkreist langsam ihre Nase und ...
landet schließlich in ihrem Mund.
Alice wird starr vor Angst und Ekel.
Sie hat das Gefühl, ihr Herz zerspringt.

Der Mann versucht mit seiner Zunge
Alices Mund weit zu öffnen.
Da dreht sie ihr Gesicht ruckartig weg
und kreischt laut los.
Gleichzeitig reißt sie ihr rechtes Bein hoch.
Damit trifft sie den Mann in die Seite.

Das hat der Typ nicht erwartet.
Sofort wirft er sich auf Alice
und hält ihr den Mund zu.
Sein Gewicht drückt sie auf den harten Boden.
„Dann eben auf die harte Tour", keucht er.
Er schiebt ihren Pullover bis zum Hals hoch.
Hastig öffnet er seine Hose.

Bitte nicht! Oh Gott, bitte hilf!
In Alices Ohren rauscht das Blut.

„Wenn ich dich erst zur Frau gemacht habe ...",
stöhnt der Kerl heiser.

„Dann kannst du gar nicht mehr
genug davon bekommen."
Etwas Hartes stößt gegen Alices Bauch.
„Ich bin so scharf auf dich, so geil ...",
hört Alice noch.
Dann hört sie ein lautes, dumpfes Geräusch.
Der Kerl rutscht von ihr runter.

Und da ... da steht Mats.
„Alice!", ruft er. „Oh Gott, ist dir was passiert?"
Mats löst die Fesseln an ihren Händen.
Dann zieht er Alice aus dem Gebüsch.

Alice zittert am ganzen Körper.
Sie kann kaum alleine stehen.
Mats muss sie festhalten.
„Er ... er ... hat ... hat es nicht ...
Du bist ... gerade rechtzeitig ...", weint Alice.

„Alles wird gut, Alice.
Hab keine Angst, alles wird gut", beruhigt Mats sie.
„Aber was ... was ist mit dem Kerl?", wimmert Alice.
„Ich habe dem Dreckskerl mit einem Ast
auf den Kopf geschlagen.
Davon erholt er sich nicht so schnell wieder."

Plötzlich knackt es im Gebüsch.
Alice schreit laut auf.

Dort steht der Typ und stiert sie finster an.
Dann springt er auf Alice zu.

Aber Mats zieht Alice blitzschnell zur Seite.
Der Typ fällt zu Boden.
Die Hose hängt ihm an den Knien.
Man kann seinen nackten Po sehen.

Plötzlich wird gegenüber eine Tür aufgerissen.
„Was ist da los?“, schreit jemand.
„Bitte rufen Sie die Polizei. Schnell“, sagt Mats ruhig.

Kurze Zeit später kommen die Polizei
und ein Krankenwagen.
Der Notarzt versorgt die Wunde am Hinterkopf
von dem Täter.
Erst danach kommt der Mann zu sich.

„Alice? Meine Geliebte. Wo bist du?“, stöhnt er.
Doch Alice und Mats sitzen bereits
im Wagen von der Polizei.

Am nächsten Tag

Alice liegt in ihrem Bett.
Auf ihrem Schreibtisch steht ein Blumenstrauß.
Daneben liegt ein kleiner Pinguin aus Stoff.
Die Blumen und der Pinguin sind ein Geschenk von Katja.
Die wollte sich damit bei Alice entschuldigen.
Katja hat ein schlechtes Gewissen wegen der Jared-Mails.
Es war nicht richtig, Alice mit den falschen Mails und dem Video zu ängstigen.
Das weiß Katja.
Aber sie hatte sich immer heftiger über die Insta-Storys von Alice geärgert.
Und als Janne sich bei Katja auch über die Storys beschwerte, schmiedeten sie einen Plan.
Sie wollten, dass Alice über die Auswirkungen von ihren Storys im Internet nachdenkt.

Alice hat Katja aber bereits vergeben.
Jetzt blickt Alice auf das Foto von Mats.
Das Foto hat er ihr gestern noch geschenkt.
Mein Engel, denkt sie und spürt ihr Herz schlagen.
Wenn du nicht gewesen wärst, dann …

Gern würde Alice die schlimmen Bilder aus ihrem Kopf löschen.

Sie will sich nicht daran erinnern,
wie der Kerl auf ihr lag.
Sie will nicht mehr sein Stöhnen hören.

Da klopft es an ihrer Zimmertür.
„Guten Morgen, Schatz“, sagt Alices Mutter.
Sie hat ein großes Tablett in den Händen.
„Wo soll ich es hinstellen?“, fragt sie lächelnd.

„Mama, ich bin doch nicht krank,“ sagt Alice.
„Du musst mir kein Frühstück ans Bett bringen.“

Dann spricht Alice mit ihrer Mutter
über die schreckliche Tat und über Oliver Pohl.
Diesen Namen wird Alice nie mehr vergessen.
Der Name hört sich harmlos an.
Doch harmlos war Oliver Pohl überhaupt nicht.

„Mag ja sein, dass dieser Kerl
eine schwere Kindheit hatte“, meint die Mutter.
„Aber deshalb darf er doch nicht
gewalttätig werden.
Dieser Gestörte hätte dich fast vergewaltigt, Alice.
Vielleicht hätte er dich sogar getötet!“

„Zum Glück hat der Pohl ja niemanden
wirklich vergewaltigt“, beruhigt Alice ihre Mutter.
„Aber doch nur, weil Mats noch rechtzeitig kam.

Mats ist dein Schutzengel“, sagt ihre Mutter sanft.
„Aber auch wenn du dich nicht krank fühlst“,
fährt sie dann fort.
„Es war ein schreckliches Erlebnis für dich.
Es wird lange dauern, bis du das verarbeitet hast.“
Alice nickt. „Ja, Mama“, sagt sie.
„Deshalb gehe ich ja jetzt auch
zu einer Psychologin.“
Ihre Mutter nickt ebenfalls.
„Es ist gut, dass du das machst.“

Die Polizei hatte nach der Tat gleich die Wohnung
von Oliver Pohl durchsucht.
Dabei entdeckten sie unzählige Fotos von Alice.
Sie hingen überall an den Wänden.
Auch auf seinem Computer waren Fotos und Videos.

Auch Janne hatte ja heimlich
ein Video von Alice gedreht.
Janne und Oliver Pohl hätten sich
an diesem Abend begegnen können.
Ein Wunder, dass das nicht passiert ist, denkt Alice.

Ab jetzt will Alice sich im Internet anders verhalten.
Sie will viele persönliche Dinge löschen.

Plötzlich läutet Alices Handy.
„Das ist Mats!“, sagt sie und lächelt freudig.

„Alles klar“, meint ihre Mutter und grinst.
„Bin schon draußen.“

„Hey“, haucht Alice in den Hörer.
„Spreche ich mit meinem Schutzengel?“
„Ja klar. Dein Schutzengel will dich gern abholen.
Was hältst du von einem Spaziergang im Schnee?“
„Schnee?“
Alice schaut zum Fenster hinüber.
„Tatsächlich“, jubelt sie.
„Es schneit. Wie schön.“

„Na ja“, erklärt Mats und räuspert sich.
„Ein Schutzengel hat gute Kontakte zum Himmel.
Ich weiß ja, wie sehr du dir
weiße Weihnachten wünschst.
Deshalb habe ich um Schnee gebeten.“

„Ach Mats!“, ruft Alice.
„Weißt du, was ich an dir liebe?
Ich liebe dich, weil du so ein frecher Angeber bist.“

„Was?“, ruft Mats empört.
„Ich habe noch nie angegeben.
Ich sehe einfach gut aus.
Ich bin tierisch intelligent und ... sehr reich.
Und wenn ich erst mal Chefarzt bin ...,
dann bin ich außerdem eine gute Partie.“

„Okay, du richtig gute Partie,
wann holst du mich ab?“, fragt Alice.
„In 15 Minuten.“
„Ich kann es kaum erwarten.
Ich liebe dich“, flüstert Alice.
„Und ich liebe dich“, erwidert Mats.

Alice schaut noch eine Weile auf ihr Handy.
Sie lächelt verliebt.
Dann steht sie auf und geht zum Fenster.
Sie schaut den weißen Schneeflocken zu.
Wie diese sanft vom Himmel
auf die Erde schweben.

Glücklich schließt Alice ihre Augen.

Wörterliste

Seite 9: Geschwister-Scholl-Schule
Die Geschwister Scholl waren Hans und Sophie Scholl. Hans und Sophie kämpften gegen die Nazis und waren Mitglieder von der „Weißen Rose". Das war eine Widerstands-Gruppe im Zweiten Weltkrieg. Hans und Sophie wurden von den Nazis ermordet.

Seite 9: Tschuldigung
Abkürzung für „Entschuldigung"

Seite 10: Hollywood
Hollywood ist ein Stadtteil von Los Angeles (USA). Hollywood ist weltbekannt als Filmstadt. In Hollywood befinden sich große Filmstudios.

Seite 12: Insta-Story
„Insta" ist die Abkürzung für „Instagram". Das ist ein soziales Netzwerk. Dort kann man kostenlos Texte, Fotos und Videos teilen.
„Story" ist englisch für „Geschichte".

Seite 14: Mister Ice
Das ist ein englischer Begriff. „Mister" heißt übersetzt „Herr" oder „Chef". „Ice" ist „Eis". Der Begriff bedeutet im Buch etwa „eiskalter Lehrer".

Seite 14: Friedrich Dürrenmatt
Friedrich Dürrenmatt ist ein bekannter Schriftsteller. Er lebte von 1921 bis 1990 in der Schweiz. Er hat viele Romane und Theaterstücke geschrieben. Für seine Werke erhielt er viele Preise.

Seite 18: sitzenbleiben
In der Schule bedeutet „sitzenbleiben", dass man eine Schulklasse wiederholen muss.

Seite 19: HDL
Abkürzung für „Hab dich lieb"

Seite 23: Stalker
Ein Stalker verfolgt immer wieder eine Person. Diese Person kann sich durch den Stalker belästigt oder sogar bedroht fühlen.

Seite 24: Klatschtante
Jemand, der viel über andere redet und dabei auch manchmal Unsinn erzählt.

Seite 26: stabile Seitenlage
Ist eine Person bewusstlos, legt man sie am besten auf die Seite. Das obere Bein wird etwas angewinkelt. Dadurch hat die Person einen besseren Halt. In der stabilen Seitenlage bekommt man besser Luft und droht nicht zu ersticken.

Seite 31: Superman
Englischer Ausdruck für „Übermensch". Superman ist auch der Name für eine Comicfigur mit übermenschlichen Kräften. Die Figur zählt zu den beliebtesten Helden aus Comics.

Seite 41: Reporterin
Ein Reporter oder eine Reporterin berichten über Ereignisse, normalerweise für die Zeitung, das Radio oder das Fernsehen.

Seite 41: Lois Lane
Lois Lane ist eine weibliche Comicfigur. Sie arbeitet als Reporterin. Lois Lane ist die Partnerin von Superman und wird später seine Ehefrau.

Seite 47: Link
Kurzer Textabschnitt im Internet oder in einer E-Mail. Wenn man einen Link anklickt, wird man automatisch auf eine andere Internetseite weitergeleitet.

Seite 69: im Auge behalten
Das bedeutet, jemanden zu beobachten.

Seite 70: IP-Adresse
Eine IP-Adresse ist eine Adresse im Computer. Man braucht sie, um Daten zu senden, zum Beispiel

E-Mails. Die IP-Adresse besteht aus Zahlen, die mit einem Punkt getrennt werden. Über die IP-Adresse kann man den Absender von einer E-Mail oder von Texten im Internet ermitteln.

Seite 97: Perverser
Ein Perverser ist jemand, der sich abartig verhält. Er tut Dinge, die normale Menschen nicht tun.

Seite 105: Jungfrau
ein Mädchen oder eine Frau, die noch nie Sex hatte

Seite 123: gute Partie
Eine gute Partie zu sein bedeutet eigentlich: Jemand bringt viel Geld mit in die Ehe. Mats meint: Es lohnt sich, mit mir zusammen zu sein.